Quatro arquétipos

Dados Internacionais de Catalogação na Publicação (CIP)
(Câmara Brasileira do Livro, SP, Brasil)

Jung, C.G., 1875-1961
Quatro arquétipos : mãe : renascimento : espírito : trickster / C.G. Jung ; tradução Gentil Avelino Titton ; com novo prefácio de Sonu Shamdasani. – 1. ed. – Petrópolis : Editora Vozes, 2021.

Título original: Four archetypes

Bibliografia.

2ª reimpressão, 2024.

ISBN 978-65-5713-178-7

1. Arquétipos 2. Arquétipos (Psicologia) 3. Fenomenologia 4. Psicologia 5. Renascimento 6. Transcendência I. Shamdasani, Sonu. III. Título.

21-57553 CDD-150.1954

Índices para catálogo sistemático:

1. Arquétipos : Psicologia junguiana 150.1954

Maria Alice Ferreira – Bibliotecária – CRB-8/7964

C.G. Jung

Quatro arquétipos

Mãe – Renascimento – Espírito – Trickster

Com prefácio de **Sonu Shamdasani**

Tradução de
Gentil Avelino Titton

Petrópolis

Edição original publicada em 2018 com o apoio da Fundação Philemon.
Este livro pertence às Philemon Series da Fundação Philemon.

PHILEMON SERIES

Tradução do original em inglês intitulado *Four Archetypes*
(da Obra Completa de C.G. Jung, volume 9/1). Com prefácio de Sonu Shamdasani

Diagramação: Sheilandre Desenv. Gráfico
Revisão gráfica: Fernando Sergio Olivetti da Rocha
Capa: WM design
Ilustração de capa: Quadro 19, caderno iconográfico de *Os arquétipos e o inconsciente coletivo*. 11. ed. [OC 9/1]. Petrópolis: Vozes, 2014.

ISBN 978-65-5713-178-7 (Brasil)
ISBN 978-0-691-15049-9 (Estados Unidos)

Este livro foi composto e impresso pela Editora Vozes Ltda.

Sumário

Prefácio à edição de 2010

LER JUNG APÓS O *LIVRO VERMELHO*

Com a publicação do *Liber Novus* – O Livro Vermelho[1] de Jung – inicia-se um novo capítulo na leitura das obras de Jung. Pela primeira vez, estamos em condições de compreender a constituição das obras de Jung de 1914 em diante e registrar as íntimas conexões entre sua autoexperimentação e suas tentativas de determinar os aspectos típicos deste processo através de seu trabalho com seus pacientes e traduzir suas intuições numa linguagem satisfatória para um público médico e científico. Assim, ler o *Liber Novus* implica a tarefa de reler a *Obra Completa* de Jung – grande parte da qual aparecem sob uma luz totalmente nova.

No inverno de 1913, Jung embarcou num processo de autoexperimentação. Deliberadamente deu rédeas ao seu pensamento baseado na fantasia e anotou cuidadosamente o resultado. Mais tarde deu a este processo o nome de "imaginação ativa". Registrou por escrito estas fantasias nos *Livros Negros*. Estes livros não são diários pessoais, mas antes os registros de uma autoexperimentação. Os diálogos que formam estas imaginações ativas podem ser considerados um tipo de pensamento em forma dramática.

---

1. C. G. JUNG. *O Livro Vermelho*. Edição e introdução de Sonu Shamdasani e tradução de Edgar Orth. Petrópolis: Vozes, 2010.

Quando estourou a Primeira Guerra Mundial, Jung considerou que diversas destas fantasias eram precognições deste evento. Isto o levou a compor o primeiro esboço do *Liber Novus*, que consistiu numa transcrição das principais fantasias dos *Livros Negros*, junto com uma camada de comentários interpretativos e elaboração lírica. Aqui Jung tentou deduzir destas fantasias princípios psicológicos gerais, como também entender até que ponto os acontecimentos retratados nas fantasias apresentavam, de forma simbólica, evoluções que iriam ocorrer no mundo.

Jung recopiou o manuscrito num manuscrito gótico floreado num grande volume in-fólio com capa de couro vermelha, ilustrado por ele com suas próprias pinturas. O tema geral do livro é o processo pelo qual Jung recupera sua alma e supera o mal-estar contemporâneo da alienação espiritual. Basicamente isto é alcançado possibilitando o renascimento de uma nova imagem de Deus em sua alma e desenvolvendo uma nova cosmovisão na forma de uma cosmologia psicológica e teológica.

Entre 1916 e 1928, Jung publicou diversas obras, nas quais tentou traduzir alguns dos temas do *Liber Novus* para a linguagem psicológica contemporânea. Em 1928, o sinólogo Richard Wilhelm enviou-lhe uma cópia do tratado alquímico taoista *O segredo da flor de ouro*, convidando-o a escrever um comentário. Impressionado com o paralelismo entre as imagens do texto e alguns dos seus próprios mandalas, Jung decidiu finalmente pôr de lado seu trabalho no *Liber Novus* e não publicá-lo. Em vez disso, dedicou-se ao estudo intercultural do processo de individuação, focalizando em particular a alquimia medieval, usando paralelos com seu próprio material como meio de apresentar o processo numa forma indireta e alegórica. Até hoje, isto tem apresentado tremendos desafios a leitores fora do círculo íntimo de Jung.

QUATRO ARQUÉTIPOS

Em sua grande obra de 1912, *Transformações e símbolos da libido*[2], Jung argumentou que, por baixo da superfície da consciência moderna, as formas míticas da Antiguidade continuaram a ter uma existência subterrânea, aflorando em sonhos, fantasias e alucinações. Ele lhes deu o nome de imagens primordiais e as interpretou como símbolos da energia psíquica, descrevendo seus movimentos típicos. Em 1919, ele usou o termo "arquétipo" para descrever estas formas. Em sua autoexperimentação, Jung estava estudando a criação de mitos da mente humana, o que o levou a uma nova avaliação da importância dos mitos e dos contos de fadas. Na visão de Jung, nos níveis mais profundos da subjetividade deparamos com o que é quintessencialmente humano e comum a toda a humanidade. Numa fantasia, uma donzela explicou-lhe que "o conto de fadas é só a avó do romance e mais universalmente válido do que o romance mais lido de tua época. E tu sabes que aquilo que, desde milênios, passa pela boca de todo o povo é com efeito o mais mastigado e que mais se aproxima da verdade humana mais elevada"[3]. Ele estivera procurando convencionalmente as "verdades excepcionais" e ela explicou-lhe que "só o que é humano e que tu insultas como banal e vulgar, isto contém a sabedoria que tu procuras"[4]. Jung chegou a considerar a tarefa da individuação como sendo uma tarefa de chegar a um acordo com o passado acumulado da herança humana, em outras palavras, com os arquétipos do inconsciente coletivo. A partir dos anos 1930, ele embarcou numa série de estudos da fenomenologia das formas arquetípicas particu-

---

2. *Símbolos da transformação*, Obra Completa vol. V, Parte I.

3. *O Livro Vermelho*, p. 262.

4. Ibid.

lares e sua importância psicológica, às vezes referindo-se implicitamente, de forma disfarçada, à sua própria autoexperimentação. Um exemplo ocorre no ensaio "A fenomenologia do espírito no conto de fadas", que se encontra neste volume[5]. Jung observou: "Numa série moderna de visões, em que o arquétipo do Velho Sábio aparecia várias vezes, ora com estatura normal (ao aparecer no fundo de uma cratera ladeado de paredões íngremes de rocha), ora minúsculo e encontrando-se no topo de uma montanha, dentro de uma mureta baixa de pedra"[6]. Jung está se referindo à aparição de Elias em suas fantasias[7] e a Filêmon. Esta figura, observa ele, aparece em situações nas quais a guia é necessária e a pessoa está sem recursos, e ela "se realiza espontaneamente no espaço psíquico extraconsciente, quando um pensamento consciente não é possível ou já não o é mais"[8].

Escrevendo nos "Aprofundamentos", a terceira seção do *Liber Novus*, Jung chegou a perceber que ele próprio não era o "autor" da obra, mas que "a grande maioria do que escrevi nas primeiras partes deste livro foi ΦΙΛΗΜΩΝ [Filêmon] que me inspirou"[9]. Filêmon, uma figura tirada do mito e da literatura clássicos, torna-se por sua vez o guia de Jung, seu guru, e depois o "Velho Sábio" e "arquétipo do espírito" – esta sequência faz uma conexão entre as fantasias do próprio Jung, suas reflexões sobre elas e a maneira como isto o levou a formular novas concepções do funcionamento psicológico geral. Conexões similares estão presentes nos outros ensaios deste volume.

---

5. A palavra alemã "Geist" não tem um equivalente exato em outras línguas e, dependendo do contexto, pode ser traduzida por "espírito" ou "mente".

6. Cf. § 408.

7. *O Livro Vermelho*, p. 245, 251.

8. Cf. § 399 e § 402.

9. *O Livro Vermelho*, p. 339.

Introdução[1]

[1] A hipótese de um inconsciente coletivo pertence àquele tipo de conceito que a princípio o público estranha, mas logo dele se apropria, passando a usá-lo como uma representação corrente, tal como aconteceu com o conceito do inconsciente em geral. A ideia filosófica do inconsciente, tal como é encontrada principalmente em C.G. Carus e E.v. Hartmann, depois de ter desaparecido sem deixar vestígios significativos na onda avassaladora do materialismo e do empirismo, reapareceu pouco a pouco no âmbito da psicologia médica, orientada para as ciências naturais.

[2] A princípio o conceito do inconsciente limitava-se a designar o estado dos conteúdos reprimidos ou esquecidos. O inconsciente, em Freud, apesar de já aparecer – pelo menos metaforicamente – como sujeito atuante, nada mais é do que o espaço de concentração desses conteúdos esquecidos e recalcados, adquirindo um significado prático graças a eles. Assim sendo, segundo Freud, o inconsciente é de natureza exclusivamente pessoal[2], muito embora ele tenha

---

1. Publicado pela primeira vez em: *Eranos Jahrbulch*, 1934 (Rhein-Verlag, Zurique, 1935). Elaborado sob a forma de um primeiro ensaio em *Von den Wurzeln des Bewusstseins. Studien über den Archetypus* (Psychologische Abhandlungen IX). Rascher, Zurique, 1954.

2. Freud modificou seu ponto de vista fundamental aqui indicado em trabalhos posteriores: a psique instintiva foi por ele designada como "id" e o "superego" corresponde ao consciente coletivo, em parte consciente e em parte inconsciente (reprimido) pelo indivíduo.

chegado a discernir as formas de pensamento arcaico-mitológicas do inconsciente.

[3] Uma camada mais ou menos superficial do inconsciente é indubitavelmente pessoal. Nós a denominamos *inconsciente pessoal*. Este, porém, repousa sobre uma camada mais profunda, que já não tem sua origem em experiências ou aquisições pessoais, sendo inata. Esta camada mais profunda é o que chamamos *inconsciente coletivo*. Eu optei pelo termo "coletivo" pelo fato de o inconsciente não ser de natureza individual, mas universal; isto é, contrariamente à psique pessoal ele possui conteúdos e modos de comportamento, os quais são *cum grano salis* os mesmos em toda parte e em todos os indivíduos. Em outras palavras, são idênticos em todos os seres humanos, constituindo, portanto, um substrato psíquico comum de natureza psíquica suprapessoal que existe em cada indivíduo.

[4] Uma existência psíquica só pode ser reconhecida pela presença *de conteúdos capazes de serem conscientizados*. Só podemos falar, portanto, de um inconsciente na medida em que comprovarmos os seus conteúdos. Os conteúdos do inconsciente pessoal são principalmente os *complexos de tonalidade emocional*, que constituem a intimidade pessoal da vida anímica. Os conteúdos do inconsciente coletivo, por outro lado, são chamados *arquétipos*.

[5] O termo *archetypus* já se encontra em Filo Judeu[3] como referência à *imago dei* no homem. Em Irineu[4] também, onde se lê: "*Mundi fabricator non a semetipso fecit haec, sed de alienis archetypis transtulit*" (O criador do mundo não fez essas coisas diretamente a partir de si mesmo, mas copiou-as

---

3. *De opificio mundi*, Index, ver verbete.

4. *Adversus omnes haereses*, 2, 6 [p. 126].

de outros arquétipos). No *Corpus Hermeticum*[5], Deus é denominado τὸ ἀρχέτυπον φῶς (a luz arquetípica). Em Dionísio Areopagita encontramos esse termo diversas vezes como "*De coelesti hierarchia*"[6] αἱ ἀύλαι ἀρχυτυπίαι (os arquétipos imateriais), bem como "*De divinis nominibus*[7]". O termo arquétipo não é usado por Agostinho, mas sua ideia no entanto está presente; por exemplo em "*De diversis quaestionibus*", "*ideae [...] quae ipsae formatae non sunt... quae in divina intelligentia continentur*[8]" (ideias... que não são formadas, mas estão contidas na inteligência divina). *Archetypus* é uma perífrase explicativa do εἶδος platônico. Para aquilo que nos ocupa, a denominação é precisa e de grande ajuda, pois nos diz que, no concernente aos conteúdos do inconsciente coletivo, estamos tratando de tipos arcaicos – ou melhor – primordiais, isto é, de imagens universais que existiram desde os tempos mais remotos. O termo *représentations collectives*, usado por Lévy-Bruhl para designar as figuras simbólicas da cosmovisão primitiva, poderia também ser aplicado aos conteúdos inconscientes, uma vez que ambos têm praticamente

---

5. [SCOTT, *Hermetica* I, p. 140; a luz arquetípica.]

6. II, IV [MIGNE, P.G. - L. III col. 144; os arquétipos imateriais].

7. II, IV (MIGNE. Op. cit., col. 595).

8. De *diversis quaestionibus*, LXXXIII, XLVI col. 49 [Ideias... elas mesmas não são formadas... contidas no saber divino.] Arquétipo é utilizado pelos alquimistas de modo semelhante. No *Tractatus aureus* de Hermes Trismegisto (*Theatrum chemicum*, 1613, IV, p. 718): "*...ut Deus omnem divinitatis suae thesaurum... in se tanquam archetypo absconditum... eodem modo Saturnus occulte corporum metallicorum simulachra in se circumferens...*" [como Deus oculta em si todos os tesouros de sua divindade... tal como um arquétipo... assim do mesmo modo Saturno traz envolvido em si secretamente o simulacro de corpos metálicos]. Em Vigenerus (*Tractatus de igne et sale*. In: *Theatrum chemicum*, 1661, VI, cap. 4, p. 3) o mundo é "*ad archetypi sui similitudinem factus*" [criado segundo a imagem de seu arquétipo], sendo por isso chamado de "*magnus homo*" [grande homem] ("*homo maximus*" em SWEDENBORG).

o mesmo significado. Os ensinamentos tribais primitivos tratam de arquétipos de um modo peculiar. Na realidade, eles não são mais conteúdos do inconsciente, pois já se transformaram em fórmulas conscientes, transmitidas segundo a tradição, geralmente sob forma de ensinamentos esotéricos. Estes são uma expressão típica para a transmissão de conteúdos coletivos, originariamente provindos do inconsciente.

[6] Outra forma bem conhecida de expressão dos arquétipos é encontrada no mito e no conto de fada. Aqui também, no entanto, se trata de formas cunhadas de um modo específico e transmitidas através de longos períodos de tempo. O conceito de *archetypus* só se aplica indiretamente às *représentations collectives* na medida em que designar apenas aqueles conteúdos psíquicos que ainda não foram submetidos a qualquer elaboração consciente. Neste sentido, representam, portanto, um dado anímico imediato. Como tal, o arquétipo difere sensivelmente da fórmula historicamente elaborada. Especialmente em níveis mais altos dos ensinamentos secretos, os arquétipos aparecem sob uma forma que revela seguramente a influência da elaboração consciente, a qual julga e avalia. Sua manifestação imediata, como a encontramos em sonhos e visões, é muito mais individual, incompreensível e ingênua do que nos mitos, por exemplo. O arquétipo representa essencialmente um conteúdo inconsciente, o qual se modifica através de sua conscientização e percepção, assumindo matizes que variam de acordo com a consciência individual na qual se manifesta[9].

---

9. Para sermos exatos devemos distinguir entre "arquétipo" e "ideias arquetípicas". O arquétipo representa um modelo hipotético abstrato, como o *pattern of behavior* conhecido na biologia. Cf. a respeito [JUNG], *Theoretische Überlegungen zum Wesen des Psychischen.*

[85] Uma vez que os arquétipos são relativamente autônomos como todos os conteúdos numinosos, não se pode integrá-los simplesmente por meios racionais, mas requerem um processo dialético, isto é, um confronto propriamente dito que muitas vezes é realizado pelo paciente em forma de diálogo. Assim ele concretiza, sem o saber, a definição alquímica da meditação, como *colloquium cum suo angelo bono*, como diálogo interior com seu anjo bom[10]. Este processo tem um decurso dramático, com muitas peripécias. Ele é expresso ou acompanhado por símbolos oníricos, relacionados com as *représentations collectives*, as quais sempre retrataram os processos anímicos da transformação sob a forma de temas mitológico[11].

---

10. RULANDUS. *Lexicon alchemiae*, cf. o verbete *meditatio*.

11. Remeto o leitor às minhas explanações, in: *Símbolos da transformação*.

I

Aspectos psicológicos do arquétipo materno[1]

1. O conceito de arquétipo

[148] O conceito da Grande Mãe provém da História das Religiões e abrange as mais variadas manifestações do tipo de uma Deusa-Mãe. No início esse conceito não diz respeito à psicologia, na medida em que a imagem de uma "Grande Mãe" aparece *nessa forma* muito raramente. E quando aparece na experiência clínica, isso só se dá em circunstâncias especiais. O símbolo é obviamente um derivado do arquétipo materno; assim sendo, quando tentamos investigar o pano de fundo da imagem da Grande Mãe, sob o prisma da psicologia, temos necessariamente de tomar por base de nossa reflexão o arquétipo materno de um modo muito mais genérico. Embora já não seja tão necessária atualmente uma discussão ampla sobre o conceito de arquétipo, não me parece, porém, dispensável fazer algumas observações preliminares a respeito do mesmo.

[149] Em épocas passadas – apesar de existirem opiniões discordantes e tendências de pensamento aristotélicas – não se achava demasiado difícil compreender o pensamento de

---

1. Publicado pela primeira vez sob o título "Os diversos aspectos do renascimento", em: *Eranos-Jahrbuch*, 1939 (Rhein-Verlag, Zurique, 1940); revisto e ampliado sob o título acima, em *Gestaltungen des Unbewussten* (Psychologische Abhandlungen VII). Rascher, Zurique, 1950.

Platão, de que a ideia é preexistente e supraordenada aos fenômenos em geral. "Arquétipo" nada mais é do que uma expressão já existente na Antiguidade, sinônimo de "ideia" no sentido platônico. Por exemplo, quando Deus é designado por τὸ ἀρχέτυπον φῶς[2] no *Corpus Hermeticum*, provavelmente datado do século III, expressa-se com isso a ideia de que ele é preexistente ao fenômeno "luz" e imagem primordial supraordenada a toda espécie de luz. Se eu fosse um filósofo daria prosseguimento ao argumento platônico segundo minha hipótese, dizendo: em algum lugar, "em um lugar celeste" existe uma imagem primordial da mãe, preexistente e supraordenada a todo fenômeno do "maternal" (no mais amplo sentido desta palavra). Mas como não sou filósofo e sim um empirista, não posso permitir a mim mesmo a pressuposição de que o meu temperamento peculiar, isto é, minha atitude individual no tocante a problemas intelectuais, tenha validade universal. Tal coisa aparentemente só é aplicável àquele filósofo que supõe serem universais suas disposições e atitudes e não reconhece a sua problematicidade individual, sempre que possível, como condição essencial de sua filosofia. Como empirista devo constatar que há um temperamento para o qual *as ideias são entidades e não somente "nomina"*. Por acaso – quase eu poderia dizer – vivemos atualmente, há cerca de duzentos anos, numa época em que se tornou impopular e até mesmo incompreensível supor que as ideias pudessem ser algo diverso de simples *nomina*. Aquele que ainda pensa anacronicamente a modo de Platão, decepcionar-se-á ao vivenciar que a entidade celeste, isto é, metafísica, da ideia foi relegada à esfera incontrolável da fé e da superstição, compassivamente legada ao poeta. O ponto de vista nominalista "triunfou" mais uma vez sobre

2. SCOTT. *Hermetica* I, p. 140; a luz arquetípica.

o realista na disputa secular dos universais, e a imagem originária volatilizou-se num *flatus vocis*. Essa reviravolta foi acompanhada e até certo ponto provocada pela marcante evidência do empirismo, cujas vantagens se impuseram nitidamente à razão. Desde então, a "*ideia*" deixou de ser um *a priori*, adquirindo um caráter secundário e derivado. É óbvio que o nominalismo mais recente também reivindica validade universal, apesar de basear-se num pressuposto determinado pelo temperamento e, portanto, limitado. O teor dessa validade é o seguinte: válido é tudo aquilo que vem de fora, sendo pois verificável. O caso ideal é a constatação pela experiência. A antítese é a seguinte: é válido aquilo que vem de dentro e que, portanto, não é verificável. É óbvio que este ponto de vista é desesperador. A filosofia natural dos gregos, voltada para a materialidade, combinada com a razão aristotélica, obteve uma vitória tardia, porém significativa, sobre Platão.

[150] Em toda vitória há sempre o germe de uma derrota futura. Mais recentemente têm-se multiplicado os sinais indicativos de uma mudança de ponto de vista. Significativamente, a teoria das categorias de Kant, a qual sufoca já no embrião qualquer tentativa de retomada de uma metafísica em seu sentido antigo, prepara por outro lado um renascimento do espírito platônico: uma vez que não pode haver uma metafísica que ultrapasse a capacidade humana, não existe também qualquer conhecimento empírico, o qual já não esteja aprioristicamente preso e limitado por uma estrutura cognitiva. Nos cento e cinquenta anos transcorridos desde a *Crítica da razão pura*, pouco a pouco foi-se abrindo caminho à intuição de que o pensar, a razão, a compreensão etc., não são processos autônomos, livres de qualquer condicionamento subjetivo, apenas a serviço das eternas leis da lógica, mas sim funções psíquicas agregadas e subordinadas a

uma personalidade. A pergunta não é mais se isto ou aquilo foi visto, ouvido, tocado com as mãos, pesado, contado, pensado e considerado lógico. Mas é: *quem* vê, *quem* ouve, *quem* pensou? Começando com a "equação pessoal" na observação e medida dos menores processos, esta crítica prossegue até a criação de uma psicologia empírica, como nunca foi conhecida antes. Estamos convencidos atualmente de que em todas as áreas do conhecimento há premissas psicológicas, as quais testemunham decisivamente acerca da escolha do material, do método de elaboração, do tipo de conclusões e da formulação de hipóteses e teorias. Até mesmo acreditamos que a personalidade de Kant foi um fator decisivo de sua *Crítica da razão pura*. Não só os filósofos, mas também nossas próprias tendências filosóficas e até mesmo o que chamamos nossas melhores verdades são afetadas, quando não diretamente ameaçadas, pela ideia de uma premissa pessoal. Toda liberdade criativa – exclamamos – nos é desse modo roubada! Será possível que um homem só possa pensar, dizer e fazer o que ele mesmo é?

[151] Contanto que não se caia de novo num exagero, vítimas de um psicologismo desenfreado, trata-se na realidade, segundo me parece, de uma crítica inevitável. Tal crítica é a essência, origem e método da psicologia moderna: *há* um fator apriorístico em todas as atividades humanas, que é a estrutura individual inata da psique, pré-consciente e inconsciente. A psique pré-consciente, como por exemplo a do recém-nascido, não é de modo algum um nada vazio, ao qual, sob circunstâncias favoráveis, tudo pode ser ensinado. Pelo contrário, ela é uma condição prévia tremendamente complicada e rigorosamente determinada para cada indivíduo, que só nos parece um nada escuro, porque não a podemos ver diretamente. No entanto, assim que ocorrem as primeiras manifestações visíveis da vida psíquica, só um

cego não veria o caráter individual dessas manifestações, isto é, a personalidade singular. É impossível supor que todas essas particularidades sejam criadas só no momento em que aparecem. Se se tratar, por exemplo, de predisposições mórbidas, que já existem nos pais, inferimos uma transmissão hereditária pelo plasma germinal. Não nos ocorreria o pensamento de que a epilepsia do filho de uma mãe epiléptica fosse uma mutação surpreendente. Procedemos do mesmo modo no tocante a talentos, que podem ser rastreados através de gerações. O reaparecimento de comportamentos instintivos complicados em animais que nunca viram seus pais, tendo sido impossível portanto que os mesmos os tivessem "educado", pode ser explicado da mesma maneira.

[152] Hoje em dia devemos partir da hipótese de que o ser humano, na medida em que não constitui uma exceção entre as criaturas, possui, como todo animal, uma psique pré-formada de acordo com sua espécie, a qual revela também traços nítidos de antecedentes familiares, conforme mostra a observação mais acurada. Não temos razão alguma para presumir que certas atividades humanas (funções) constituem exceções a esta regra. Não temos a menor possibilidade de saber como são as disposições ou aptidões que permitem os atos instintivos do animal. Da mesma forma, é impossível conhecer a natureza das disposições psíquicas inconscientes, mediante as quais o homem é capaz de reagir humanamente. Deve tratar-se de formas de função as quais denominamos "imagens". "Imagens" expressam não só a forma da atividade a ser exercida, mas também, simultaneamente, a situação típica na qual se desencadeia a atividade[3]. Tais imagens são "imagens primordiais", uma vez que são peculiares à espécie, e se alguma vez foram "criadas", a sua criação coincide no

3. Cf. [JUNG] *Instinkt und Unbewusstes* (Instinto e inconsciente).

mínimo com o início da espécie. O típico humano do homem é a forma especificamente humana de suas atividades. O típico específico já está contido no germe. A ideia de que ele não é herdado, mas criado de novo em cada ser humano, seria tão absurda quanto a concepção primitiva de que o Sol que nasce pela manhã é diferente daquele que se pôs na véspera.

[153] Uma vez que tudo o que é psíquico é pré-formado, cada uma de suas funções também o é, especialmente as que derivam diretamente das disposições inconscientes. A estas pertence a *fantasia criativa*. Nos produtos da fantasia tornam-se visíveis as "imagens primordiais" e é aqui que o conceito de arquétipo encontra sua aplicação específica. Não é de modo algum mérito meu ter observado esse fato pela primeira vez. As honras pertencem a Platão. O primeiro a pôr em evidência a ocorrência, na área da etnologia, de certas "ideias primordiais" que se encontram em toda parte foi Adolf Bastian. Mais tarde, são dois pesquisadores da Escola de Dürkheim, Hubert e Mauss, que falam de "categorias" próprias da fantasia. A pré-formação inconsciente na figura de um "pensamento inconsciente" foi reconhecida pelo eminente Hermann Usener[4]. Se de algum modo contribuí no tocante a essas descobertas, foi por ter provado que os arquétipos não se difundem por toda parte mediante a simples tradição, linguagem e migração, mas ressurgem espontaneamente em qualquer tempo e lugar, sem a influência de uma transmissão externa.

[154] Não podemos subestimar o alcance dessa constatação, pois ela significa nada menos do que a presença, em cada psique, de disposições vivas inconscientes, nem por isso menos ativas, de formas ou ideias em sentido platônico que

4. USENER. *Das Weihnachtsfest*, p. 3.

instintivamente pré-formam e influenciam seu pensar, sentir e agir.

[155] Sempre deparo de novo com o mal-entendido de que os arquétipos são determinados quanto ao seu conteúdo, ou melhor, são uma espécie de "ideias" inconscientes. Por isso devemos ressaltar mais uma vez que os arquétipos são determinados apenas quanto à forma e não quanto ao conteúdo, e no primeiro caso, de um modo muito limitado. Uma imagem primordial só pode ser determinada quanto ao seu conteúdo, no caso de tornar-se consciente e, portanto, preenchida com o material da experiência consciente. Sua forma, por outro lado, como já expliquei antes, poderia ser comparada ao sistema axial de um cristal, que pré-forma, de certo modo, sua estrutura no líquido-mãe, apesar de ele próprio não possuir uma existência material. Esta última só aparece através da maneira específica pela qual os íons e depois as moléculas se agregam. O arquétipo é um elemento vazio e formal em si, nada mais sendo do que uma *facultas praeformandi*, uma possibilidade dada *a priori* da forma da sua representação. O que é herdado não são as ideias, mas as formas, as quais sob esse aspecto particular correspondem aos instintos igualmente determinados por sua forma. Provar a essência dos arquétipos em si é uma possibilidade tão remota quanto a de provar a dos instintos, enquanto os mesmos não são postos em ação *in concreto*. No tocante ao caráter determinado da forma, é elucidativa a comparação com a formação do cristal na medida em que o sistema axial determina apenas a estrutura estereométrica, não porém a forma concreta do cristal particular. Este pode ser grande ou pequeno ou variar de acordo com o desenvolvimento diversificado de seus planos ou da interpenetração recíproca de dois cristais. O que permanece é apenas o sistema axial em suas proporções geométricas, a princípio invariáveis. O mesmo se

dá com o arquétipo: a princípio ele pode receber um nome e possui um núcleo de significado invariável, o qual determina sua aparência, apenas a princípio, mas nunca concretamente. *O modo* pelo qual, por exemplo, o arquétipo da mãe sempre aparece empiricamente, nunca pode ser deduzido só dele mesmo, mas depende de outros fatores.

2. O arquétipo materno

[156] Como todo arquétipo, o materno também possui uma variedade incalculável de aspectos. Menciono apenas algumas das formas mais características: a própria mãe e a avó; a madrasta e a sogra; uma mulher qualquer com a qual nos relacionamos, bem como a ama de leite ou ama-seca, a antepassada e a mulher branca; no sentido da transferência mais elevada, a deusa, especialmente a mãe de Deus, a Virgem (enquanto mãe rejuvenescida, por exemplo Deméter e Core), Sofia (enquanto mãe que é também a amada, eventualmente também o tipo Cibele-Átis, ou enquanto filha-amada – mãe rejuvenescida); a meta da nostalgia da salvação (Paraíso, Reino de Deus, Jerusalém Celeste); em sentido mais amplo, a Igreja, a universidade, a cidade ou país, o Céu, a Terra, a floresta, o mar e as águas quietas; a matéria, o mundo subterrâneo e a Lua; em sentido mais restrito, como o lugar do nascimento ou da concepção, a terra arada, o jardim, o rochedo, a gruta, a árvore, a fonte, o poço profundo, a pia batismal, a flor como recipiente (rosa e lótus); como círculo mágico (o mandala como padma) ou como cornucópia; em sentido mais restrito ainda, o útero, qualquer forma oca (por exemplo, a porca do parafuso); a yoni; o forno, o caldeirão; enquanto animal, a vaca, o coelho e qualquer animal útil em geral.

Todos estes símbolos podem ter um sentido positivo, favorável, ou negativo e nefasto. Um aspecto ambivalente é a deusa do destino (as Parcas, Greias, Nornas). Símbolos nefastos são bruxa, dragão (ou qualquer animal devorador e que se enrosca como um peixe grande ou uma serpente); o túmulo, o sarcófago, a profundidade da água, a morte, o pesadelo e o pavor infantil (tipo Empusa, Lilith etc.). [157]

Esta enumeração não pretende ser completa. Ela apenas indica os traços essenciais do arquétipo materno. Seus atributos são o "maternal": simplesmente a mágica autoridade do feminino; a sabedoria e a elevação espiritual além da razão; o bondoso, o que cuida, o que sustenta, o que proporciona as condições de crescimento, fertilidade e alimento; o lugar da transformação mágica, do renascimento; o instinto e o impulso favoráveis; o secreto, o oculto, o obscuro, o abissal, o mundo dos mortos, o devorador, sedutor e venenoso, o apavorante e fatal. Estes atributos do arquétipo materno já foram por mim descritos minuciosamente e documentados em meu livro *Símbolos da transformação*. Nesse livro formulei as qualidades opostas desses atributos que correspondem à mãe amorosa e à mãe terrível. O paralelo histórico que nos é mais familiar é, com certeza, Maria, que na alegoria medieval é simultaneamente a cruz de Cristo. Na Índia, seria a Kali contraditória. A filosofia samkhya elaborou o arquétipo materno no conceito de Prakrti, atribuindo-lhe os três gunas como propriedades fundamentais, isto é, bondade, paixão e escuridão – sattwa, rajas, tamas[5]. Trata-se de três aspectos essenciais da mãe, isto é, sua bondade nutritiva e dispensadora de cuidados, sua emocionali- [158]

---

5. Este é o significado etimológico das três gunas. Cf. WECKERLING [org.]. *Das Glück des Lebens. Medizinisches Drama von Anandarâyamakhî*, p. 21s., e GARBE. *Die Sâmkhya-Philosophie*, p. 272s. [cf. tb. ZIMMER. *Philosophy of India*, índice *s.v.* – EDITORES]

dade orgiástica e a sua obscuridade subterrânea. O traço especial na lenda filosófica que mostra Prakrti *dançando* diante de Purusha a fim de lembrá-lo do "conhecimento discriminatório" não pertence diretamente à mãe, mas ao arquétipo da anima. Este último se mistura imediata e invariavelmente com a imagem da mãe na psicologia masculina.

[159] Embora a figura da mãe, tal como aparece na psicologia dos povos, seja de certo modo universal, sua imagem muda substancialmente na experiência prática individual. Aqui o que impressiona antes de tudo é o significado aparentemente predominante da mãe pessoal. Essa figura sobressai de tal modo em uma psicologia personalista que esta última, como é sabido, jamais conseguiu ir além da mãe pessoal, seja em suas concepções ou mesmo teoricamente. Para ir diretamente ao assunto, a minha concepção difere da teoria psicanalítica em princípio, pelo fato de que atribuo à mãe pessoal um significado mais limitado. Isto significa que não é apenas da mãe pessoal que provêm todas as influências sobre a psique infantil descritas na literatura, mas é muito mais o arquétipo projetado na mãe que outorga à mesma um caráter mitológico e com isso lhe confere autoridade e até mesmo numinosidade[6]. Os efeitos etiológicos, isto é, traumáticos da mãe devem ser divididos em dois grupos: primeiro, os que correspondem à qualidade característica ou atitudes realmente existentes na mãe pessoal. Segundo, os que só aparentemente possuem tais características, uma vez que se trata de projeções de tipo fantasioso (quer dizer, arquetípico) por parte da criança. O próprio Freud já reconhecia que a verdadeira etiologia das neuroses não tinha

---

6. A psicologia americana nos fornece uma grande quantidade de exemplos neste sentido. *Generation of Vipers* de Wylie constitui uma verdadeira sátira acerca disso, mas com intenções educativas.

suas raízes, como a princípio supunha, em efeitos traumáticos, mas principalmente num desenvolvimento peculiar da fantasia infantil. É inegável a possibilidade de que um tal desenvolvimento possa ser atribuído às influências perturbadoras da mãe. Por isso, procuro antes de mais nada na mãe o fundamento das neuroses infantis, na medida em que sei por experiência que é muito mais provável uma criança desenvolver-se de um modo normal do que neuroticamente e que na maioria dos casos podemos rastrear as causas definitivas de distúrbios nos pais e, principalmente, na mãe. Os conteúdos das fantasias anormais só podem referir-se parcialmente à mãe pessoal, uma vez que frequentemente eles aludem de modo claro e inequívoco a coisas que ultrapassam o que se poderia atribuir a uma mãe real. Isto principalmente quando se trata de imagens declaradamente mitológicas, tal como ocorre muitas vezes com fobias infantis, em que a mãe aparece sob a forma de um animal, de uma bruxa, fantasma, canibal, hermafrodita e coisas deste tipo. Mas como as fantasias nem sempre são manifestamente mitológicas ou, se o forem, não provêm necessariamente de um pressuposto inconsciente, podendo originar-se em contos de fada, em observações casuais etc., é recomendável fazer uma cuidadosa investigação em cada caso. Por razões práticas, tal investigação não pode ser levada a cabo tão facilmente nas crianças como nos adultos, os quais geralmente transferem suas fantasias para o médico durante a terapia, encontrando-se estas, portanto, em estado de projeção.

[160] Não basta então reconhecê-las e depois descartá-las como algo ridículo – pelo menos definitivamente –, pois os arquétipos constituem um bem inalienável de toda psique, "sendo o tesouro no campo dos pensamentos obscuros", no dizer de Kant, vastamente documentado por inúmeros temas do folclore. Um arquétipo, por sua natureza, não é de

modo algum um preconceito simplesmente irritante. Ele só o é quando não está em seu devido lugar. Pertence aos mais supremos valores da alma humana, tendo por isso povoado os Olimpos de todas as religiões. Descartá-lo como algo insignificante representa realmente uma perda. Trata-se muito mais, por conseguinte, de solucionar essas projeções, a fim de restituir os seus conteúdos àquele que os perdeu por tê-los projetado fora de si, espontaneamente.

3. O complexo materno

[161] O arquétipo materno é a base do chamado complexo materno. É uma questão em aberto saber se tal complexo pode ocorrer sem uma participação causal da mãe passível de comprovação. Segundo minha experiência, parece-me que a mãe sempre está ativamente presente na origem da perturbação, particularmente em neuroses infantis ou naquelas cuja etiologia recua até a primeira infância. Em todo caso, é a esfera instintiva da criança que se encontra perturbada, constelando assim arquétipos que se interpõem entre a criança e a mãe como um elemento estranho, muitas vezes causando angústia. Quando os filhos de uma mãe superprotetora, por exemplo, sonham com frequência que ela é um animal feroz ou uma bruxa, tal vivência produz uma cisão na alma infantil e consequentemente a possibilidade da neurose.

A. O complexo materno do filho

[162] Os efeitos do complexo materno diferem segundo ocorrerem no filho ou na filha. Efeitos típicos no filho são o homossexualismo, o dom-juanismo e eventualmente também a impotência[7]. No homossexualismo o componente hete-

---

7. O complexo paterno desempenha aqui um papel considerável.

rossexual fica preso à figura da mãe de modo inconsciente; no dom-juanismo, a mãe é procurada inconscientemente "em cada mulher". Os efeitos do complexo materno sobre o filho são representados pela ideologia do tipo Cibele--Átis: autocastração, loucura e morte prematura. O complexo materno no filho não é puro, na medida em que existe uma dessemelhança quanto ao sexo. Essa diferença é a razão pela qual em cada complexo materno masculino, ao lado do arquétipo materno, a anima do parceiro sexual masculino desempenha um papel importante. A mãe é o primeiro ser feminino com o qual o futuro homem entra em contato e ela não pode deixar de aludir, direta ou indiretamente, grosseira ou delicadamente, consciente ou inconscientemente à masculinidade do filho, tal como este último toma consciência gradual da feminilidade da mãe ou pelo menos responde de forma inconsciente e instintiva a ela. No filho, as simples relações da identidade ou de resistência no tocante à diferenciação são continuamente atravessadas pelos fatores de atração ou repulsa erótica. Assim sendo, o quadro torna-se substancialmente complicado. Mas não pretendo afirmar que devido a isso o complexo materno do filho deva ser tomado mais a sério do que o da filha. Na pesquisa desses fenômenos anímicos complexos ainda estamos em estado incipiente, no estágio do trabalho pioneiro. As comparações só podem ser feitas quando dispomos de dados estatísticos. Estes, porém, ainda não existem.

[163] Só no caso da filha o complexo materno é mais puro e sem complicações. Trata-se nele, por um lado, de uma intensificação dos instintos femininos provindos da mãe, e, por outro, de um enfraquecimento e até mesmo de uma extinção dos mesmos. No primeiro caso, a preponderância do mundo instintivo provoca uma inconsciência na filha de sua personalidade; no segundo caso desenvolve-se uma

projeção dos instintos sobre a mãe. Por ora, devemos contentar-nos com a constatação de que o complexo materno na filha, ou estimula efetivamente o instinto feminino, ou o inibe na mesma proporção; no filho, porém, o instinto masculino é lesado por uma sexualização anormal.

[164] Uma vez que "complexo materno" é um conceito da psicopatologia, ele vem sempre associado à ideia de dano e sofrimento. No entanto, se o tirarmos desse quadro patológico demasiado estreito, dando-lhe uma conotação mais ampla e abrangente, poderemos fazer menção também de sua influência positiva: no filho, produz-se, além do homossexualismo ou em lugar dele, uma diferenciação do eros[8] (algo neste sentido é sugerido no *Simpósio* de Platão); ou então um desenvolvimento do bom gosto e da estética, fomentados pela presença de um certo elemento feminino; podem ainda ocorrer dons de educador aperfeiçoados pela intuição e tato femininos ou um espírito histórico conservador no bom sentido que preserva cuidadosamente todos os valores do passado. Pode ocorrer um sentido especial de amizade que tece laços extremamente delicados entre almas masculinas, e até resgata a amizade entre os sexos da condenação ao limbo da impossibilidade. Pode produzir uma riqueza do sentimento religioso, que ajuda a tornar realidade uma *ecclesia spiritualis*, e enfim uma receptividade espiritual que acolhe a Revelação.

[165] O que é dom-juanismo negativo pode significar uma masculinidade arrojada, uma ambição por metas supremas, em seu aspecto positivo; além de uma violência frente a toda estupidez, obstinação, injustiça e preguiça, uma prontidão para sacrificar-se pelo que reconhece como correto tocando as raias do heroísmo; perseverança, inflexibilidade e

8. *Psicologia do inconsciente*, § 16s.: "A teoria do eros".

tenaz força de vontade; uma curiosidade que não se assusta diante dos enigmas do mundo; e, finalmente, um espírito revolucionário, que constrói uma nova morada para seus semelhantes ou renova a face do mundo.

[166] Todas essas possibilidades estão refletidas nos mitologemas que já citei como aspectos do arquétipo materno. Uma vez que já tratei numa série de escritos do complexo materno do filho, inclusive a complicação da anima, quero relegar a psicologia masculina ao pano de fundo nesta conferência, cujo tema é o arquétipo da mãe.

B. O complexo materno da filha

a. A hipertrofia do aspecto maternal

[167] Há pouco observamos que o complexo materno[9] na filha gera uma hipertrofia do feminino ou então uma atrofia do mesmo. A exacerbação do feminino significa uma intensificação de todos os instintos femininos, e em primeiro lugar do instinto materno. O aspecto negativo desta é representado por uma mulher cuja única meta é parir. O homem, para ela, é manifestamente algo secundário; é essencialmente o instrumento de procriação, classificado como um objeto a ser cuidado entre as crianças, parentes pobres, gatos, galinhas e móveis. A sua própria personalidade também é de importância secundária; frequentemente ela é mais ou

9. Neste capítulo apresento uma série de "tipos" de complexo materno, sem com isso formular experiências terapêuticas. "Tipos" não são casos individuais, o que toda pessoa culta deveria saber. "Tipos" também não são um esquema inventado, dentro do qual todos os casos que se apresentam têm que se adaptar. "Tipo" é uma construção ideal, um meio-termo tirado da experiência, com o qual um caso individual jamais se identifica. Pessoas que tiram sua experiência unicamente de livros ou de laboratórios psicológicos não podem ter uma ideia exata do que seja a experiência psicológica do médico.

menos inconsciente, pois a vida é vivida nos outros e através dos outros, na medida em que, devido à inconsciência da própria personalidade, ela se identifica com eles. Primeiro, ela leva os filhos no ventre, depois se apega a eles, pois sem os mesmos não possui nenhuma razão de ser. Tal como Deméter extorque dos deuses um direito de propriedade sobre a filha. Seu eros desenvolve-se exclusivamente como relação materna, permanecendo no entanto inconsciente enquanto relação pessoal. Um eros inconsciente sempre se manifesta sob a forma de poder[10], razão pela qual este tipo de mulher, embora sempre parecendo sacrificar-se pelos outros, na realidade é incapaz de um verdadeiro sacrifício. Seu instinto materno impõe-se brutalmente até conseguir o aniquilamento da própria personalidade e da de seus filhos. Quanto mais inconsciente de sua personalidade for uma mãe deste tipo, tanto maior e mais violenta será sua vontade de poder inconsciente. No caso deste arquétipo não são poucas as vezes em que o símbolo adequado não é Deméter, mas Baubo. O intelecto não é cultivado, mas permanece em geral sob a forma de sua disposição originária, isto é, em sua forma natural primitiva, incapaz de relacionar-se, violento, mas também tão verdadeiro e às vezes tão profundo como a própria natureza[11]. Ela própria não o sabe, sendo por isso incapaz de apreciar a graça de seu intelecto ou de admirar filosoficamente sua profundidade; pode até mesmo esquecer o que acabou de dizer.

---

10. Esta frase baseia-se na reiterada experiência de que, onde falta amor, o poder ocupa o espaço vazio.

11. O termo que utilizei para definir tal coisa em meus seminários ingleses foi *natural mind*.

b. Exacerbação do eros

O complexo causado na filha por uma mãe deste tipo não é necessariamente um resultado da hipertrofia do instinto materno. Pelo contrário, pode ocorrer que na filha haja uma extinção completa desse instinto. Em lugar disso, ela apresenta uma exacerbação do eros que leva quase invariavelmente a uma relação incestuosa com o pai[12]. O eros exacerbado provoca uma ênfase anormal sobre a personalidade do outro. O ciúme da mãe e a necessidade de sobrepujá-la tornam-se os motivos preponderantes de empreendimentos futuros, muitas vezes desastrosos. Uma mulher deste tipo gosta de relações apaixonadas e sensacionais por elas mesmas, e se interessa por homens casados, não por eles, mas pelo fato de serem casados, o que lhe dá a oportunidade de perturbar um casamento, objetivo principal da sua manobra. Uma vez alcançado seu objetivo, o interesse se esvai por falta de instinto materno e a história continua com outro[13]. Este tipo feminino se caracteriza por uma notável inconsciência. Tais mulheres ficam totalmente cegas no tocante às suas ações[14], o que não é nada vantajoso nem para as pessoas envolvidas, nem para elas mesmas. Não é necessário ressaltar que, para homens de eros indolente, este tipo de mulher oferece uma ótima oportunidade para a projeção da anima. [168]

12. Neste caso a iniciativa é da filha. Em outros casos a psicologia do pai (projeção da anima) produz uma ligação incestuosa na filha.

13. Aqui este tipo se diferencia do seu similar, o complexo feminino do pai, caso em que ao contrário o "pai" é cuidado e mimado.

14. Isso não quer dizer que, para elas, os fatos sejam inconscientes, apenas seu significado o é.

c. Identificação com a mãe

[169] Se não ocorrer uma exacerbação do eros no complexo materno feminino, produzir-se-á uma identificação com a mãe e um bloqueio da própria iniciativa feminina. Dá-se então uma projeção da personalidade da filha sobre a mãe, em virtude da inconsciência de seu mundo instintivo materno e de seu eros. Tudo o que nessas mulheres lembra maternidade, responsabilidade, vínculo pessoal e necessidade erótica suscita sentimentos de inferioridade, e as obriga a fugir naturalmente para a mãe, a qual vive tudo aquilo que as filhas consideram inatingível, digno de uma superpersonalidade: a mãe. Involuntariamente admirada pela filha, a mãe vive tudo antecipadamente em seu lugar. A filha contenta-se em depender da mãe, de um modo desinteressado e inconscientemente ela se esforça contra sua vontade a ascender pouco a pouco a uma posição de tirana da própria mãe, no início sob a máscara da mais perfeita lealdade e devoção. Ela vive uma existência de sombra, muitas vezes visivelmente sugada pela mãe, cuja vida ela prolonga como que através de uma permanente transfusão de sangue. Tais virgens exangues não são imunes ao casamento. Pelo contrário, apesar de sua qualidade de sombra e de sua apatia, ou justamente por causa disso, elas são altamente cotadas no mercado do casamento. São de tal forma vazias que um homem pode nelas enxergar o que bem entender; além disso, são tão inconscientes que seu inconsciente estende inúmeras antenas, para não dizer tentáculos de pólipos invisíveis que captam todas as projeções masculinas, para a grande satisfação dos homens. Tamanha indefinição feminina é a contraface almejada de uma definição masculina inequívoca, a qual só pode ser estabelecida de uma forma algo satisfatória quando há condições de empurrar tudo o que é duvidoso, ambíguo,

indefinido, obscuro para a projeção sobre uma encantadora inocência feminina[15]. Devido à característica de apatia e de sentimentos de inferioridade, os quais sempre simulam uma inocência ofendida, cabe ao homem o papel privilegiado de poder suportar essas conhecidas fraquezas femininas, com a magnanimidade e superioridade cavalheiresca. (Felizmente ele ignora que essas fraquezas são, em grande parte, suas próprias projeções.) Esse notório desamparo da jovem exerce sobre ele uma atração especial. Ela é de tal forma um apêndice da mãe que já não sabe o que lhe acontece quando um homem aparece por perto. Ela é tão inexperiente e necessitada de ajuda que até mesmo o mais meigo dos pastores de ovelhas se transforma num arrojado raptor de mulheres, prestes a arrebatar traiçoeiramente de uma mãe amorosa sua filha. Esta grande oportunidade de poder ser uma vez na vida um grande espertalhão não ocorre todos os dias, representando para ele um forte incentivo. Foi assim que Plutão raptou Perséfone da inconsolável Deméter, mas por um decreto dos deuses teve que ceder sua mulher para a sogra, a cada verão. (O leitor atento perceberá que tais lendas não surgem "por acaso"!)

d. Defesa contra a mãe

[170] Os três tipos extremos que acabamos de descrever são ligados entre si por muitos estágios intermediários, entre os quais quero mencionar apenas o principal. Trata-se, neste tipo intermediário, menos de uma exacerbação ou bloqueio dos instintos femininos do que de uma defesa contra a supremacia da mãe que prevalece sobre todo o resto. Este caso

15. Esse tipo de mulher tem um efeito estranhamente aliviador sobre o marido, mas só enquanto este não descobre *com quem* se casou e *quem* dorme com ele na cama, isto é, a sogra.

é o exemplo típico do complexo materno negativo. Seu lema é: qualquer coisa menos ser como a mãe! Trata-se, por um lado, de um fascínio que, no entanto, nunca se torna uma identificação, e, por outro, de uma exacerbação do eros que se esgota, porém, numa resistência ciumenta contra a mãe. Tal filha sabe tudo o que *não* quer, mas em geral não tem clareza acerca do que imagina ser seu próprio destino. Seus instintos concentram-se na mãe, sob a forma de defesa, não se prestando pois à construção de sua própria vida. Se, apesar disso, ela casar-se por acaso, seu casamento serve apenas para livrar-se da mãe ou então o destino lhe impinge um marido com traços de caráter semelhantes ao da mãe. Todos os processos e necessidades instintivos encontram dificuldades inesperadas; a sexualidade não funciona ou os filhos não são bem-vindos, ou os deveres maternos lhe parecem insuportáveis, ou ainda as exigências da vida conjugal são recebidas com irritação e impaciência. De certa forma, tudo isso não pertence às realidades essenciais da vida, uma vez que seu fim último é constituído unicamente pela defesa persistente contra o poder materno. Em tais casos, podemos ver em todos os seus detalhes os atributos do arquétipo materno. Por exemplo, *a mãe enquanto família*, ou clã, produz uma violenta resistência ou falta de interesse por tudo o que representa família, comunidade, sociedade, convenção etc. A resistência contra a mãe, enquanto *uterus*, manifesta-se muitas vezes através de distúrbios da menstruação, dificuldade de engravidar, horror da gravidez, hemorragias e vômitos durante a gravidez, partos prematuros etc. A mãe enquanto *matéria* provoca impaciência em relação ao objeto, desajeitamento na manipulação de ferramentas e louças, bem como mau gosto no vestir.

[171] A partir da defesa contra a mãe verifica-se ocasionalmente um desenvolvimento espontâneo da inteligência, com o

intuito de criar uma esfera em que a mãe não exista. Esse desenvolvimento resulta das necessidades próprias da filha e não visa homenagear um homem que ela queira impressionar, simulando uma camaradagem espiritual. O propósito é quebrar o poder da mãe através da crítica intelectual e cultura superior, de modo a mostrar-lhe toda a sua estupidez, seus erros lógicos e formação deficiente. O desenvolvimento intelectual é acompanhado de uma emergência de traços masculinos em geral.

4. Os aspectos positivos do complexo materno

a. A mãe

[172] O aspecto positivo do primeiro tipo, ou seja, a exacerbação do instinto materno, refere-se àquela imagem da mãe que tem sido louvada e cantada em todos os tempos e em todas as línguas. Trata-se daquele amor materno que pertence às recordações mais comoventes e inesquecíveis da idade adulta e representa a raiz secreta de todo vir a ser e de toda transformação, o regresso ao lar, o descanso e o fundamento originário, silencioso, de todo início e fim. Intimamente conhecida, estranha como a natureza, amorosamente carinhosa e fatalmente cruel – uma doadora de vida alegre e incansável, uma *mater* dolorosa e o portal obscuro e enigmático que se fecha sobre o morto. Mãe é amor materno, é a *minha* vivência e o *meu* segredo. O que mais podemos dizer daquele ser humano a que se deu o nome de mãe, sem cair no exagero, na insuficiência ou na inadequação e mentira – poderíamos dizer – portadora casual da vivência que encerra ela mesma e a mim, toda humanidade e até mesmo toda criatura viva, que é e desaparece, da vivência da vida de que somos os filhos? No entanto, sempre o fizemos e sempre continuaremos a fazê-lo. Aquele que o

sabe e é sensível não pode mais sobrecarregar com o peso enorme de significados, responsabilidades e missão no céu e na terra a criatura fraca e falível, digna de amor, de consideração, de compreensão, de perdão que foi nossa mãe. Ele sabe que a mãe é portadora daquela imagem inata em nós da *mater natura* e da *mater spiritualis*, da amplitude total da vida à qual somos confiados quando crianças, e ao mesmo tempo abandonados. Ele também não pode ter dúvida alguma em libertar a mãe humana dessa carga assustadora, pelo respeito que deve a ela e a si mesmo. É precisamente este peso de significados que nos prende à mãe e acorrenta esta ao filho para a ruína anímica e física de ambos. Nenhum complexo materno é resolvido, reduzindo-o unilateralmente à mãe em sua medida humana; é preciso retificá-la de certa forma. Corre-se desta forma o perigo de decompor em átomos também a vivência da "mãe", destruindo assim um valor supremo e atirando fora a chave de ouro que uma boa fada havia colocado em nosso berço. Por isso o homem sempre associou instintivamente aos pais (pai e mãe) o casal divino preexistente na figura do *godfather* e *godmother* do recém-nascido, a fim de que este último nunca se esqueça, quer por inconsciência, quer por um racionalismo míope, de conferir aos pais um caráter divino.

[173] O arquétipo é a princípio muito menos um problema científico do que uma questão importantíssima da higiene anímica. Mesmo que nos faltassem todas as provas da existência dos arquétipos, e mesmo que todas as pessoas inteligentes nos provassem convincentemente de que os mesmos não podem existir, teríamos que inventá-los para impedir que os nossos valores mais elevados e naturais submergissem no inconsciente. Se estes valores caírem no inconsciente, toda a força elementar das vivências originárias desaparecerá com eles. Em seu lugar, surgiria a fixação na imago materna,

e, depois que essa fosse devidamente racionalizada, ficaríamos completamente presos à *ratio* humana e, a partir daí, condenados a acreditar exclusivamente no racional. Por um lado, isto é uma virtude e uma vantagem; por outro, uma limitação e um empobrecimento, porque assim nos aproximamos do vazio do doutrinarismo e do "iluminismo". Essa *Déesse Raison* espalha uma luz ilusória, que só ilumina o que já sabemos e oculta na escuridão o que seria necessário conhecer e conscientizar. Quanto mais independente for o comportamento do entendimento, tanto mais este se torna puro intelecto, colocando opiniões doutrinárias em lugar da realidade, enxergando não o homem como ele é, mas uma imagem ilusória do mesmo.

[174] Quer o homem compreenda ou não o mundo dos arquétipos, deverá permanecer consciente do mesmo, pois nele o homem ainda é natureza e está conectado com suas raízes. Uma visão de mundo ou uma ordem social que cinde o homem das imagens primordiais da vida não só não constitui uma cultura, como se transforma cada vez mais numa prisão ou num curral. Se as imagens originárias permanecerem de algum modo conscientes, a energia que lhes corresponde poderá fluir no homem. Quando não for mais possível manter a conexão com elas, a energia que nelas se expressa, causando o fascínio subjacente ao complexo parental infantil, retorna ao inconsciente. Desta forma, o inconsciente recebe uma irresistível carga de energia que atua quase como uma *vis a ergo* de qualquer ponto de vista ou tendência que nosso intelecto possa apresentar como meta à nossa *concupiscentia*. Deste modo o homem fica irremediavelmente à mercê de sua consciência e de seus conceitos racionais no tocante àquilo que é certo ou errado. Longe de mim desvalorizar o dom divino da razão, esta suprema faculdade humana. Mas como senhora absoluta ela não tem senti-

do, tal como não tem sentido a luz num mundo em que está ausente seu oposto, a obscuridade. O homem deveria dar atenção ao sábio conselho da mãe e obedecer à lei inexorável da natureza que delimita todo ser. Jamais deveria esquecer que o mundo existe porque os seus opostos são mantidos em equilíbrio. O racional é contrabalançado pelo irracional e aquilo que se planeja, pelo que é dado.

[175] Esta incursão no campo das generalidades foi provavelmente inevitável, pois a mãe é o primeiro mundo da criança e o último mundo do adulto. Todos nós somos envolvidos pelo manto dessa Ísis maior, como seus filhos. Agora, porém, queremos voltar aos nossos tipos do complexo materno feminino. No homem, o complexo materno nunca se encontra em estado "puro", isto é, ele vem sempre misturado ao arquétipo da anima, resultando daí o fato de as afirmações do homem sobre a mãe serem quase sempre emocionais, isto é, preconceituosas, impregnadas de "animosidade". A possibilidade de examinarmos os efeitos do arquétipo da mãe, livre da interferência da "animosidade", só existe na mulher, o que poderá dar certo apenas nos casos em que ainda não se desenvolveu um animus compensatório.

b. O eros exacerbado

[176] Vejamos o segundo tipo do complexo materno, isto é, o eros exacerbado. Tracei deste caso um retrato desfavorável, visto que deparamos com ele no âmbito patológico; mas até mesmo este tipo, tão pouco atraente, tem um aspecto positivo de que a sociedade não pode abrir mão. Tomemos o pior efeito desta atitude, ou seja, a pouco escrupulosa destruição de casamentos. Veremos então por detrás dela uma ordem da natureza, cheia de sentido e propósito. Este tipo resulta frequentemente, como já dissemos, de uma reação a

uma mãe puramente física e instintiva e, por isso, devoradora. Tal mãe é um anacronismo, um retrocesso a um matriarcado sombrio, onde o homem leva uma existência insípida como simples fecundador e servidor no campo a ser arado. A reação da filha, através da exacerbação do eros, tem em mira o homem que deve ser resgatado da preponderância do materno-feminino. Tal filha intrometer-se-á sempre, instintivamente, quando for provocada pela inconsciência do cônjuge. Ele perturba a perigosa acomodação tão problemática para a personalidade masculina, que ele interpreta como fidelidade. Este comodismo leva à inconsciência da própria personalidade e aqueles matrimônios supostamente ideais em que o homem nada mais é do que o papai e ela, a mamãe, e em que o casal assim se chama entre si. Este caminho é difícil e facilmente rebaixa o casamento a uma identidade inconsciente dos cônjuges.

[177] A mulher, cujo tipo está sendo comentado, fulmina com o raio quente do seu eros um homem que vive à sombra do materno, assim provocando um conflito moral. Sem conflito, porém, não há consciência da "personalidade". "Mas por que", perguntar-se-á, "deve o homem atingir, *à tort et à travers*, uma consciência superior?" Tal pergunta acerta na mosca o problema, e a resposta a ela é algo difícil. Em lugar de uma verdadeira resposta, só posso confessar uma espécie de crença: parece-me que alguém afinal deveria ter sabido nos milhares de milhões de anos que este mundo maravilhoso das montanhas, mares, sóis, luas, da Via Láctea, das nebulosas, plantas e animais *existe*. Quando estive nas planícies Athi da África Oriental e de pé num pequeno morro contemplava os rebanhos selvagens de muitos milhares de cabeças a pastar no mais absoluto silêncio, tal como sempre fizeram desde tempos imemoriais, tive a sensação de ser o primeiro homem, o primeiro e único ser que sabia que tudo aquilo

existe. Todo aquele mundo ao meu redor ainda permanecia no silêncio do início e não sabia do seu existir. Nesse preciso momento em que eu soube, o mundo passou a existir, e sem este momento ele jamais teria existido. Toda a natureza procura essa finalidade e a encontra plenificada no ser humano, e isso apenas no homem mais consciente. Qualquer passo à frente, por pequeno que seja, na trilha da tomada de consciência, cria o mundo.

[178] Não existe consciência sem diferenciação de opostos. É o princípio paterno do Logos que, em luta interminável, se desvencilha do calor e da escuridão primordiais do colo materno, ou seja, da inconsciência. Sem temer qualquer conflito, qualquer sofrimento, qualquer pecado, a curiosidade divina almeja por nascer. A inconsciência é o pecado primeiro, o próprio mal para o Logos. O seu ato de criação libertadora do mundo, porém, é matricida, e o espírito que ousava enfrentar todas as alturas e profundidades também deve sofrer os castigos divinos, como dizia Sinésio, o acorrentamento ao rochedo do Cáucaso. Nem o princípio materno nem o paterno podem existir sem o seu oposto, pois ambos eram um só no início e tornar-se-ão um só no fim. A consciência só pode existir através do permanente reconhecimento e respeito do inconsciente: toda vida tem que passar por muitas mortes.

[179] A provocação do conflito é uma virtude luciferina, no sentido próprio da palavra. O conflito gera o fogo dos afetos e emoções e, como todo fogo, este também tem dois aspectos, ou seja, o da convulsão e o da geração da luz. A emoção é por um lado o fogo alquímico, cujo calor traz tudo à existência e queima todo o supérfluo (*omnes superfluitates comburit*). Por outro lado, a emoção é aquele momento em que o aço ao golpear a pedra produz uma faísca: emoção é a fonte principal de toda tomada de consciência. Não há

transformação de escuridão em luz, nem de inércia em movimento sem emoção.

[180] A mulher, cujo destino é ser um elemento de perturbação, só em casos patológicos é exclusivamente destrutiva. Normalmente, ela própria, enquanto elemento perturbador, é perturbada; como elemento transformador, ela mesma se transforma e o clarão do fogo que acende ilumina e clareia todas as vítimas da confusão. O que parecia ser uma perturbação sem sentido torna-se processo de purificação – "*dass ja das Nichtige Alles verflüchtige*"[16] – para que o insignificante volatilize todas as coisas.

[181] Se esse tipo de mulher permanecer inconsciente de sua função, isto é, se não souber que é parte "daquela força que sempre quer o mal, mas cria o bem"[17], perecerá pela espada que traz consigo. A consciência, porém, a transforma em libertadora e redentora.

c. A apenas-filha

[182] A mulher do terceiro tipo, isto é, a que se identifica com a mãe[18], pela paralisação dos próprios instintos, não será necessariamente uma nulidade sem esperança. Normalmente há pelo contrário a possibilidade de que, mediante uma projeção intensa da anima, se encha o recipiente vazio. Disto depende esta mulher: sem o homem, ela não consegue nem de longe chegar a si mesma; deverá ser literalmente raptada da mãe. Além disso, terá de desempenhar por um longo período de tempo, com o maior esforço, o papel que lhe cabe, até o limite de suas forças. Assim ela talvez conseguirá

16. *Fausto*, Segunda parte, Despenhadeiro.

17. Op. cit., Primeira parte, Sala de estudos.

18. Causada pela projeção dos instintos.

descobrir quem é. Tais mulheres podem ser esposas capazes dos maiores sacrifícios por homens que existem unicamente através de sua identificação com uma profissão ou um dom, mas que de resto são e permanecem inconscientes. Como eles mesmos só representam uma máscara, a mulher deverá ter condições de desempenhar o papel secundário com alguma naturalidade. Essas mulheres também podem possuir dons valiosos, que só não foram desenvolvidos porque a própria personalidade ficou totalmente inconsciente. Neste caso, ocorre uma projeção de seu dom no marido, o qual, não o tendo, faz-nos ver, repentinamente, como um homem insignificante e até improvável é elevado, como que por um tapete mágico, aos cumes mais elevados. *Cherchez la femme*, e encontramos a chave do segredo desse sucesso. Tais mulheres lembram-me – desculpem-me a comparação grosseira – aquelas cadelas enormes e fortes que fogem apavoradas do menor vira-lata, simplesmente porque ele é um macho temível e nem lhes passa pela cabeça que elas podem mordê-lo.

[183] Mas, afinal, o *vazio* é um grande segredo feminino, é o absolutamente estranho ao homem, o oco, o outro abissal, o yin. Infelizmente essa nulidade que suscita compaixão (eu falo aqui como homem) é – quase eu diria assim – o mistério poderoso da inacessibilidade do feminino. Uma tal mulher é pura e simplesmente destino. Um homem pode declarar-se contra ou a favor disso, ou não dizer nada, ou achar ambas as coisas e cair, por fim, nesse buraco, insensata e prazerosamente, ou ele perdeu e desperdiçou a única possibilidade de apropriar-se de sua masculinidade. Não se pode convencer o primeiro de sua tola felicidade, sem tornar plausível, ao segundo, sua desgraça. "As Mães! Mães! Como isso soa estranho!"[19] Com esse lamento que sela a

19. [*Fausto*, Segunda parte, Galeria escura.]

capitulação do homem nas fronteiras do reino do materno, passemos ao quarto tipo.

d. O complexo materno negativo

[184] Como fenômeno patológico este tipo de mulher é uma companheira desagradável, exigente, pouco satisfatória para o homem, uma vez que todo o seu ímpeto é um rebelar-se contra o que brota do fundo originário natural. No entanto, uma experiência de vida maior poderá ensinar-lhe talvez algo melhor, de modo que ela renuncie a combater a mãe no sentido pessoal e mais restrito. No melhor dos casos ela será inimiga de tudo o que é obscuro, pouco claro e ambíguo, preferindo colocar em primeiro plano o que é seguro, nítido e razoável. Ela superará sua irmã feminina no tocante à objetividade e clareza de julgamento, podendo tornar-se a amiga, a irmã ou a conselheira competente de seu marido. Habilitam-na para isso suas aspirações masculinas, que tornam possível uma compreensão humana da individualidade do marido que nada tem a ver com o erotismo. De todas as formas de complexo materno é na segunda metade da vida que ela tem as possibilidades de ser bem-sucedida no casamento, mas isso só depois de sair vencedora do inferno do apenas-feminino, do caos do útero materno que (devido ao complexo negativo) é sua maior ameaça. Um complexo só é realmente superado quando a vida o esgota até o fim. Aquilo que afastamos de nós devido ao complexo, deveremos tragá-lo junto com a borra, se quisermos desvencilhar-nos dele.

[185] Este tipo de mulher aproxima-se do mundo desviando o rosto, tal como a mulher de Ló, o olhar voltado para Sodoma e Gomorra. Nesse ínterim, a vida passa por ela como um sonho, uma fonte enfadonha de ilusões, desapontamentos e irritações, que repousam unicamente em sua incapa-

cidade de olhar para frente. Assim sua vida se torna o que mais combate, isto é, o apenas-materno-feminino, devido à sua atitude apenas inconsciente e reativa para com a realidade. Olhar para frente, porém, faz com que o mundo se abra para ela pela primeira vez na clara luz da maturidade, embelezada pelas cores e todos os maravilhosos encantos da juventude e, às vezes, até da infância. Olhar significa o conhecimento e descoberta da verdade que representa a condição indispensável da consciência. Uma parte da vida foi perdida, o sentido da vida, porém, está salvo.

[186] A mulher que combate o pai continua tendo a possibilidade da vida instintivo-feminina, pois só rejeita o que lhe é estranho. Mas, quando combate a mãe, ela pode atingir uma consciência mais elevada, arriscando-se a lesar o mundo instintivo, pois ao negar a mãe ela também repudia tudo o que é obscuro, instintivo, ambíguo, inconsciente de seu próprio ser. Graças à sua lucidez, objetividade e masculinidade, este tipo de mulher é encontrado frequentemente ocupando cargos importantes, em que sua feminilidade materna, tardiamente descoberta, conduzida por uma inteligência fria, desenvolve uma eficiência propícia. Não é apenas exteriormente que se constata essa rara combinação de feminilidade e inteligência masculina, mas também no âmbito da intimidade anímica. Ela pode exercer um papel influente, oculto para o mundo externo, como *spiritus rector* invisível, sendo guia espiritual e conselheira de um homem. Graças às suas qualidades, ela é mais transparente para o homem do que outros tipos femininos de complexo materno, e por esta razão ela é alvo de projeções de complexos maternos positivos por parte do mundo masculino. A mulher excessivamente feminina aterroriza um certo tipo de homem que tem um complexo materno caracterizado por grande sensibilidade. O homem não se assusta diante dessa mulher porque ela

constrói pontes para o espírito masculino, pelas quais ele pode levar os seus sentimentos com segurança para a outra margem. Sua inteligência bem-articulada inspira confiança ao homem, elemento que não deve ser menosprezado e que falta na relação homem-mulher muito mais frequentemente do que se imagina. O eros do homem não leva unicamente para cima, mas também para baixo, àquele mundo sinistro e escuro de uma Hécate e de uma Kali, horror de todo homem espiritual. A inteligência dessa mulher será uma estrela para ele na escuridão desesperadora dos caminhos aparentemente equivocados e infindáveis da vida.

5. Conclusão

[187] Do que acabamos de dizer deveria ficar claro que o que é expresso na mitologia, bem como os efeitos do complexo materno, quando despidos de sua multiplicidade casuística, se refere ao inconsciente. Como poderia ter ocorrido ao homem a ideia de dividir o cosmos, baseando-se na analogia de dia e noite, verão e inverno, num mundo luminoso diurno e um mundo obscuro noturno, cheio de entes fabulosos, se não tivesse encontrado em si mesmo um modelo para isso na própria consciência e no inconsciente atuante, embora invisível, isto é, incognoscível? A percepção originária dos objetos provém só parcialmente do comportamento objetivo das coisas, mas em sua maior parte de fatos intrapsíquicos, os quais têm relação com as coisas apenas mediante a projeção. Isto é devido ao fato de que o primitivo ainda não experienciou a ascese do espírito, ou seja, a crítica do conhecimento, mas apreende o mundo como um fenômeno global, de modo ainda crepuscular, dentro do fluxo das fantasias que o habitam, em que o subjetivo e o objetivo se interpenetram mutuamente de forma indiferenciada. "Tudo

o que está fora também está dentro", poderíamos dizer com Goethe[20]. O "dentro", que o racionalismo moderno pretende derivar do "fora", tem sua estrutura própria que precede toda experiência consciente como um *a priori*. É praticamente impossível imaginar como as experiências, no mais amplo sentido da palavra, bem como o psíquico de um modo geral, poderiam provir exclusivamente de algo externo. A psique pertence ao segredo da vida mais íntima e, tal como tudo o que vive organicamente, tem uma estrutura e forma peculiares. Saber se a estrutura anímica e seus elementos, isto é, os arquétipos, tiveram uma origem de algum modo, é uma questão metafísica e não comporta por isso uma resposta. A estrutura é aquilo que sempre é dado, isto é, o que sempre preexistiu, isto é, a condição prévia. É a *mãe*, a *forma* em que toda a vivência está contida. Em contraposição a ela, o *pai* representa a *dinâmica* do arquétipo, porque este último é as duas coisas: forma e energia.

[188] A portadora do arquétipo é, em primeiro lugar, a mãe pessoal porque a criança vive inicialmente num estado de participação exclusiva, isto é, numa identificação inconsciente com ela. A mãe não é apenas a condição prévia física, mas também psíquica da criança. Com o despertar da consciência do eu, a participação é progressivamente desfeita, e a consciência começa a tornar-se sua própria condição prévia, entrando em oposição ao inconsciente. A partir disto o eu começa a diferenciar-se da mãe e sua particularidade pessoal vai-se tornando cada vez mais distinta. Assim todas as qualidades fabulosas e misteriosas desprendem-se da imagem materna, transferindo-se à possibilidade mais próxima, por exemplo, à avó. Como mãe da mãe, ela é "maior"

20. ["Nada dentro, nada fora; /Pois o que está dentro, está fora". *Gott und Welt. Epirrhema.*]

do que esta última. Ela é propriamente a "Grande Mãe". Não raro ela assume os traços da sabedoria, bem como as características da bruxa. Quanto mais o arquétipo se afasta da consciência, mais clara esta se torna e o primeiro assume uma forma mitológica cada vez mais nítida. A passagem da mãe para a avó significa que o arquétipo subiu de categoria. Isto se torna claro, por exemplo, na concepção dos bataks: o sacrifício funerário para o pai é modesto, é comida comum. Mas quando seu filho tem um filho, o pai torna-se avô, conquistando com isso um tipo de dignidade mais elevada no além. Então lhe são oferecidos grandes sacrifícios[21].

[189] Na medida em que aumenta a distância entre consciente e inconsciente, a avó transforma-se em Grande Mãe, subindo de categoria, sendo que muitas vezes os opostos desta imagem se destroçam. Por um lado, nasce uma fada bondosa e, por outro, uma fada má, ou então ainda uma deusa benévola, luminosa e outra perigosa e escura. Na Antiguidade ocidental e principalmente nas culturas orientais muitas vezes os opostos permanecem unificados na mesma imagem, sem que esse paradoxo perturbe a consciência. Da mesma forma que as lendas dos deuses são muitas vezes contraditórias, o caráter moral de suas figuras também o é. Na Antiguidade ocidental o paradoxo e ambiguidade moral dos deuses causava escândalo e provocava uma crítica no mesmo sentido, a qual levou por um lado a uma desvalorização da sociedade dos deuses olímpicos e, por outro, deu ensejo a interpretações filosóficas. A expressão mais clara disso é o conceito do Deus judaico da reforma cristã: Javé, moralmente ambíguo, tornou-se um Deus exclusivamente bom, e, contrapondo-se a ele, o demônio reunia todo o mal em si. Parece que o desenvolvimento crescente do sentimen-

21. WARNECK. *Die Religion der Batak.*

to no homem ocidental forçou aquela decisão que dividia a divindade moral em duas. No Oriente, ao contrário, a atitude predominantemente intuitivo-intelectual não conferiu direitos de decisão aos valores do sentimento, razão pela qual os deuses puderam conservar imperturbado seu paradoxo moral originário. Assim Kali é representativa para o Oriente e a Virgem Maria, para o Ocidente. A segunda perdeu completamente a sombra. Esta caiu no inferno da imaginação popular onde leva uma existência insignificante de "avó do diabo". Graças ao desenvolvimento dos valores do sentimento, o esplendor da divindade clara e bondosa elevou-se a uma altura incomensurável; o obscuro, porém, que devia ser representado pelo diabo, localizou-se no ser humano. Este desenvolvimento peculiar foi causado principalmente pelo fato de o cristianismo, assustado pelo dualismo maniqueísta, procurar a todo custo a preservação do monoteísmo. Uma vez que não se podia negar a realidade do obscuro e do mal, só restava responsabilizar o ser humano por estes últimos. Chegou-se até a eliminar o diabo, o que introjetou no homem esta figura metafísica, que constituía antigamente parte integrante da divindade, de forma a tornar o homem o portador do *mysterium iniquitatis*: "*omne bonum a Deo, omne malum ab homine*!"[22] Este desenvolvimento sofre hoje em dia uma reversão infernal, na medida em que o lobo, sob a pele de cordeiro, anda por aí, sussurrando aos ouvidos de todos que o mal na realidade nada mais é do que um mal-entendido do bem e um instrumento útil do progresso. Crê-se que com isso terminou definitivamente o mundo obscuro, sem pensar no envenenamento anímico do homem ocasionado por isso. Assim o próprio

---

22. (Mistério da injustiça [pecado] – Todo o bem [vem de] Deus, todo o mal, do homem.)

homem se transforma no diabo, pois este é metade de um arquétipo, cujo poder irresistível não impede que o europeu sem fé exclame sem querer "Oh Deus!", em toda ocasião adequada ou inadequada. Se pudermos, jamais devemos identificar-nos com um arquétipo, pois as consequências são assustadoras, conforme revela a psicopatologia e certos acontecimentos contemporâneos.

[190] O Ocidente degradou-se animicamente de tal modo, que precisa negar a essência do poder da alma que o homem não pode sujeitar, nem é passível de sujeição por ele, isto é, a própria divindade, a fim de apoderar-se ainda do bem, além do mal que já tragou. Leia-se atentamente e com crítica psicológica o *Zaratustra* de Nietzsche. Este representou com rara consistência e com a paixão de um homem verdadeiramente religioso a psicologia daquele super-homem cujo Deus está morto; daquele ser humano que se despedaça pelo fato de haver encerrado o paradoxo divino no estojo exíguo do homem mortal. Goethe, o sábio, percebeu "que horror se apodera do super-homem"[23] e assim mereceu o sorriso de superioridade do filisteu da cultura. A sua apoteose da mãe, cuja grandeza abarca a rainha celeste e ao mesmo tempo Maria egipcíaca, significa suprema sabedoria e um sermão de quaresma para o ocidental meditativo. O que poderíamos pretender, porém, numa época em que até os representantes oficiais das religiões cristãs anunciam publicamente sua incapacidade de compreender os fundamentos da experiência religiosa? Retiro a seguinte frase de um artigo teológico (protestante): "Nós nos consideramos – seja natural ou idealmente – como *seres unitários e não tão divididos, que poderes estranhos pudessem interferir em nossa vida*

23. *Fausto*, Primeira parte, Noite. Fala o espírito da terra.

interior[24], segundo presume o Novo Testamento"[25]. Parece evidente que o autor destas linhas desconhece que a ciência constatou há mais de meio século a labilidade e a possibilidade de dissociação da consciência, provando-a experimentalmente. Nossas intenções conscientes são por assim dizer constantemente perturbadas e atravessadas em maior ou menor grau por intrusões inconscientes, cujas causas nos são inicialmente desconhecidas. A psique está longe de ter uma unidade; pelo contrário, ela é uma mistura borbulhante de impulsos, bloqueios e afetos contraditórios e o seu estado conflitivo é, para muitas pessoas, tão insuportável, que elas desejam a salvação apregoada pela teologia. Salvação do quê? Naturalmente, de um estado psíquico altamente duvidoso. A unidade da consciência, isto é, da chamada personalidade, não é uma realidade, mas um *desideratum*. Lembro-me ainda vivamente de um filósofo entusiasta dessa unidade, que me consultou devido à sua neurose: ele estava possuído pela ideia de ter um câncer. Não sei quantos especialistas já havia consultado e quantas radiografias já havia feito. Sempre lhe asseguravam que não tinha câncer. Ele mesmo me dizia: "Eu sei que não tenho câncer, mas poderia ter". Quem é responsável por essa fantasia? Não é ele mesmo que a produz, mas um poder *estranho* a ele a impõe. Há pouca diferença entre este estado e o dos possessos do *Novo Testamento*. É totalmente irrelevante o fato de acreditar-se em um demônio do ar ou em um fator no inconsciente que nos pregue uma peça demoníaca. O fato de que o homem se sente ameaçado por poderes estranhos em sua unidade imaginária permanece o mesmo nos dois

---

24. O grifo é meu.

25. BULTMANN. Apud BURI. *Theologie und Philosophie*, p. 117.

casos. A teologia deveria levar em consideração estes fatos psicológicos, em vez de "desmitologizar" ainda, a modo dos iluministas, mas com um traço estilístico de cem anos.

[191] Tentei dar no acima exposto uma visão de conjunto dos fenômenos psíquicos atribuídos ao predomínio da imagem materna. Ainda que eu não tenha chamado sempre a atenção do leitor, ele pôde perceber sem dificuldade os traços que caracterizam mitologicamente a figura da Grande Mãe, mesmo sob o disfarce da psicologia personalista. Quando pedimos aos nossos pacientes que estão particularmente influenciados pela imagem materna que expressem através da palavra ou da imagem o que significa "Mãe" para eles – quer positiva quer negativamente – o que recebemos como resposta são configurações simbólicas que devem ser encaradas como analogias diretas da figura materna mitológica. Com estas entramos, porém, numa área cujo esclarecimento ainda deixa muito a desejar. Eu, pelo menos, não me sinto em condições de dizer qualquer coisa de definitivo a respeito. Se apesar de tudo eu tiver que tecer algumas considerações, que as mesmas sejam tidas como provisórias e descompromissadas.

[192] Antes de mais nada quero chamar a atenção para o fato particular de que a imagem materna se situa num nível diferente quando quem a expressa é um homem e não uma mulher. Para a mulher a mãe é o tipo de sua vida sexual consciente. Para o homem, porém, a mãe é o tipo de algo estranho, ainda a ser vivenciado e preenchido pelo mundo imagístico do inconsciente latente. Por esta razão, o complexo materno do homem é, por princípio, diverso do da mulher. Portanto a mãe é para o homem, de antemão por assim dizer, uma questão de caráter decididamente simbólico, donde a tendência do mesmo a idealizá-la. A idealização é um expediente apotropaico secreto: ela ocorre quando um

medo deve ser conjurado. O que se teme é o inconsciente e sua influência mágica[26].

[193] Enquanto que no homem a mãe é *ipso facto* simbólica, na mulher ela se torna símbolo só no decorrer do desenvolvimento psicológico. Chama a atenção o fato de que, segundo a experiência, o tipo que prevalece em geral no homem é o de Urânia, ao passo que na mulher é o tipo ctônico, o da chamada Mãe-Terra. Numa fase em que aparece o arquétipo, ocorre frequentemente uma identificação mais ou menos completa com a imagem originária. A mulher pode identificar-se diretamente com a Mãe-Terra, ao passo que um homem não (exceto em casos psicóticos). Tal como mostra a mitologia, é uma característica da Grande Mãe o fato de ela aparecer muitas vezes junto com seu par masculino. O homem identifica-se, portanto, com o filho amado, agraciado pela Sofia, o *puer aeternus*, ou um *filius sapientiae*, um sábio. O companheiro da mãe ctônica no entanto é o oposto, um Hermes itifálico (ou, como no Egito, um *Bes*) ou – expresso em indiano – um *lingam*. Este símbolo tem o maior significado espiritual na Índia e Hermes é uma das figuras mais contraditórias do sincretismo helenístico, do qual provieram os desenvolvimentos espirituais decisivos do Ocidente. Hermes também é deus da revelação e, na filosofia natural da Alta Idade Média, nada menos do que o próprio *nous* criador do mundo. Este segredo foi expresso do melhor modo através das obscuras palavras da *Tabula Smaragdina*: "*Omne superius sicut inferius*"[27].

[194] Com estas identificações entramos no terreno das sizígias, ou seja, na união dos opostos quando um deles jamais está separado do outro. Trata-se daquela esfera de vivência

---

26. É evidente que a filha também pode idealizar a mãe, mas isso se dá só em condições especiais, ao passo que no homem a idealização é algo normal.

27. RUSKA (org.), p. 2. Tudo o que está em cima é igual ao que está embaixo.

que conduz diretamente à experiência da individuação, ao tornar-se si-mesmo. Muitos símbolos deste processo poderiam ser encontrados na literatura ocidental da Idade Média e principalmente nos tesouros da sabedoria do Oriente, mas, quanto a isto, palavras, conceitos e mesmo ideias pouco significam. Eles podem até levar a caminhos errados. Neste terreno ainda bem escuro da experiência anímica em que o arquétipo se nos defronta por assim dizer diretamente, seu poder psíquico também se manifesta de maneira mais evidente. Se essa esfera representa algo, tratar-se-á da pura vivência, não podendo por isso ser apreendida por nenhuma fórmula preconcebida. Aquele que sabe compreenderá sem maiores esclarecimentos verbais qual a tensão expressa por Apuleio em sua maravilhosa oração *Regina Coeli*, quando ele associa à Vênus celeste a "*nocturnis ululatibus horrenda Proserpina*"[28]. É este o paradoxo assustador da imagem materna originária.

[195] Quando no ano de 1938 escrevi a primeira versão deste ensaio, ainda não sabia que doze anos mais tarde a figura cristã do arquétipo materno seria elevada a uma verdade dogmática. A *Regina Coeli* cristã despiu-se evidentemente de todas as propriedades olímpicas, com exceção do luminoso, do bom e do eterno; até mesmo seu corpo humano, destinado à decomposição material, transformou-se em incorruptibilidade etérica. Apesar disso, a rica alegoria da mãe de Deus conservou alguns pontos em comum com sua prefiguração em Ísis (ou Io) e Sêmele. Não só Ísis e seu filho Hórus são prefigurações iconológicas, como também Sêmele com sua subida ao céu; esta, a mãe originariamente mortal de Dioniso, antecipou a *Assumptio Beatae Virginis*. O filho de Sêmele

28. *Metamorphoseos*, lib. XI, p. 223s.; Prosérpina, que provoca medo com seu uivo noturno.

também é um deus que morre e ressuscita (e o mais jovem dos olímpicos). A própria Sêmele parece ter sido uma antiga *deusa-terra*, tal como a Virgem Maria é a terra da qual Cristo nasceu. Nesta circunstância propõe-se a seguinte pergunta ao psicólogo: onde foi parar a relação característica da imagem materna para com a terra, com o escuro e o abissal do homem corpóreo, para com seus instintos animais e sua natureza passional e para com a "matéria" de modo geral? A proclamação do dogma aconteceu numa época em que as conquistas das ciências da natureza e da técnica – unidas a uma visão de mundo racionalista e materialista – ameaçam os bens espirituais e psíquicos da humanidade de violenta destruição. A humanidade arma-se de medo e repugnância frente a um crime espantoso. Circunstâncias poderiam ocorrer em que a bomba de hidrogênio, por exemplo, teria que ser usada e tal ato pavoroso se tornaria inevitável para a defesa legítima da própria existência. Em flagrante contraste com esse desastroso desenvolvimento das coisas, a mãe de Deus é entronizada no céu; sim, a sua "*assumptio*" é até mesmo interpretada como um contragolpe deliberado ao doutrinarismo materialista, o qual representa uma insurreição dos poderes ctônicos. Tal como o aparecimento de Cristo deu origem a um demônio real, adversário de Deus, a partir de um Filho de Deus originário que se encontrava no céu, agora inversamente uma figura celestial cinde-se de seu reino originariamente ctônico, assumindo uma posição contrária aos poderes titânicos desencadeados tanto a partir da terra como do mundo subterrâneo. Do mesmo modo que a mãe de Deus foi despida de todas as qualidades essenciais da materialidade, a matéria foi totalmente privada de alma e isto numa época em que a Física se abre para intuições as quais, sem "desmaterializarem" completamente a matéria, a dotam de certas propriedades, problematizando sua relação com a psique de um modo inadiável. Como o tremendo desenvolvimento da ciência natural destronou prematuramente o espírito, endeusando a matéria de um modo igualmente irrefletido, o mesmo impulso para o conhecimento científico tenta agora construir a ponte sobre o tremendo abismo que se abriu entre as duas visões de mundo. A psicologia tende a ver no dogma da Assunção um símbolo que de algum modo antecipa todo esse desenvolvimento. Ela considera a relação com a terra e a matéria uma qualidade inalienável do arquétipo materno. Quando uma figura condicionada por esse arquétipo é representada, como sendo recebida no céu, isto é, no reino do espírito, isso indica uma união de terra e céu, isto é, de matéria e espírito. O conhecimento científico certamente tenderá para o caminho contrário. Ele verá na própria matéria o equivalente do espírito, mas este "espírito" aparecerá despido de todas ou pelo menos da maioria de suas qualidades conhecidas, tal como a matéria terrestre entra no céu, despida de suas propriedades específicas. Não obstante isso, o caminho da união dos dois princípios separados se processa gradualmente.

[196] Concretamente falando, a Assunção é o oposto absoluto do materialismo. Tomado nesse sentido, tal contragolpe em nada diminui a tensão entre os opostos, mas os impele ao extremo.

[197] Compreendida simbolicamente, porém, a Assunção do corpo significa um reconhecimento da matéria a qual, devido a uma tendência preponderantemente pneumática, fora identificada pura e simplesmente com o mal. Em si mesmos, tanto o espírito como a matéria são neutros, ou melhor, *utriusque capax*, isto é, capazes daquilo que o homem chama de bem ou mal. Embora estes conceitos sejam de natureza muito relativa, há em sua base opostos reais, os quais pertencem à estrutura energética da natureza física assim como psíquica, sem as quais não pode estabelecer-se ne-

nhum tipo de ser. Não há positivo sem sua negação. Apesar da extrema oposição, ou por isso mesmo, um termo não pode existir sem o outro. É exatamente como formula a filosofia clássica chinesa: yang (o princípio luminoso, quente, seco e masculino) contém em si o germe do yin (o princípio escuro, frio, úmido e feminino), e vice-versa. Assim sendo descobrir-se-ia na matéria o germe do espírito, e no espírito o germe da matéria. Os fenômenos de "sincronicidade" há muito conhecidos e confirmados estatisticamente pelos experimentos de Rhine parecem apontar nessa direção[29]. Uma certa "animização" da matéria põe em questão a absoluta imaterialidade do espírito, na medida em que se deveria atribuir a este último um tipo de substancialidade. O dogma da Assunção, anunciado no momento da maior cisão política que a história já conheceu, é um sintoma compensatório que reflete os esforços da ciência no sentido de estabelecer uma imagem unitária do mundo. Em certo sentido ambos os desenvolvimentos foram antecipados pela alquimia, sob a forma do *hieros gamos* dos opostos, mas apenas de modo simbólico. O símbolo, no entanto, tem a grande vantagem de conseguir unificar numa *única* imagem fatores heterogêneos ou até mesmo incomensuráveis. Com o declínio da alquimia, ruiu a unidade simbólica de espírito e matéria, disso resultando o homem moderno, desenraizado e alienado numa natureza desprovida de alma.

[198] A alquimia viu a simbologia da união dos opostos na árvore, e por isso não é de surpreender que o inconsciente do homem hodierno, o qual já não se sente à vontade no seu mundo, nem pode basear sua existência no passado transcorrido, nem no futuro ainda por vir, volte a buscar o símbolo da árvore da vida, enraizada neste mundo, crescen-

29. JUNG. *Sincronicidade*: um princípio de conexões acausais.

do em direção ao polo celeste, que o homem também é. Na história do símbolo, a árvore é descrita como o caminho e o crescimento para o imutável e eterno, gerada pela união dos opostos e possibilitando a mesma através do seu eterno já existir. É como se o homem, que procura em vão sua existência, disso fazendo uma filosofia, só encontrasse o caminho de volta àquele mundo no qual não se sente estranho, através da vivência da realidade simbólica.

II

Sobre o renascimento[1]

Observações preliminares

Os textos seguintes reproduzem os conteúdos essenciais de duas conferências improvisadas. Elas foram estenografadas e pude utilizar essas anotações na elaboração do presente trabalho. Alguns trechos tiveram que ser deixados de lado, principalmente porque as exigências de um texto impresso são diferentes das exigências da palavra falada. No entanto, levei a cabo, tanto quanto possível, minha primeira intenção de resumir o conteúdo de minhas conferências sobre o tema "renascimento"; esforcei-me também no sentido de reproduzir minha análise da décima oitava sura do *Corão*, como exemplo de um mistério de renascimento em seus principais aspectos. Acrescentei uma série de fontes bibliográficas, que o leitor eventualmente poderá consultar. O resumo feito não pretende ser mais do que um apanhado geral de um campo do conhecimento, passível de ser iluminado apenas superficialmente no contexto de uma conferência.

O conceito de renascimento nem sempre é usado num sentido unívoco. Uma vez que esse conceito comporta vários aspectos, tentei reunir aqui os seus principais signifi- [199]

---

1. Publicado pela primeira vez sob o título "Os diversos aspectos do renascimento" em: *Eranos-Jahrbuch*, 1939 (Rhein-Verlag, Zurique, 1940); revisto e ampliado sob o título acima, em *Gestaltungen des Unbewussten* (Psychologische Abhandlungen VII). Rascher, Zurique, 1950.

cados. Ressalto cinco aspectos diversos, que provavelmente poderiam ser multiplicados se nos aprofundássemos; parece-me, porém, que com essas definições abrangemos os principais significados. Na primeira parte da minha dissertação apresento um breve sumário das várias formas de renascimento, ao passo que na segunda parte trato de seus diferentes aspectos psicológicos. [Na terceira parte, o processo de transformação é ilustrado através do exemplo de uma série de símbolos.]

1. Formas do renascimento

[200] a. *Metempsicose*. Como podemos ver pelo exposto, o conceito de renascimento é multifacetado. Em primeiro lugar destaco a metempsicose, a transmigração da alma. Trata-se da ideia de uma vida que se estende no tempo, passando por vários corpos, ou da sequência de uma vida interrompida por diversas reencarnações. O budismo especialmente centrado nessa doutrina – o próprio Buda vivenciou uma longa série de renascimentos – não tem certeza se a continuidade da personalidade é assegurada ou não; em outras palavras, pode tratar-se apenas de uma continuidade do carma. Os discípulos perguntaram ao mestre, quando ele ainda era vivo, acerca desta questão, mas Buda nunca deu uma resposta definitiva sobre a existência ou não da continuidade da personalidade[2].

[201] b. *Reencarnação*. A segunda forma é a reencarnação, que contém (*eo ipso*) o conceito de continuidade pessoal. Neste caso, a personalidade humana é considerada suscetível de continuidade e memória; ao reencarnar ou renascer temos,

---

2. Cf. *Samyutta-Nikaya*, 16,12 [Kassapa-Samyutta, Sutta 12: "Após a morte", p. 286.]

por assim dizer potencialmente, a condição de lembrar-nos de novo das vidas anteriores, que nos pertenceram, possuindo a mesma forma do eu da vida presente. Na reencarnação trata-se em geral de um renascimento em corpos humanos.

[202] c. *Ressurreição (resurrectio).* Uma terceira forma é a ressurreição, pensada como um ressurgir da existência humana, após a morte. Há aqui outro matiz, o da mutação, da transmutação, ou transformação do ser. Esta pode ser entendida no sentido essencial, isto é, o ser ressurrecto é um outro ser; ou a mutação não é essencial, no sentido de que somente as condições gerais mudaram como quando nos encontramos em outro lugar, ou em um corpo diferentemente constituído. Pode tratar-se de um corpo carnal, como na crença cristã de que o corpo ressurge. Em nível superior, este processo não é compreendido no sentido material grosseiro, mas se considera que a ressurreição dos mortos é um ressurgir do *corpus glorificationis*, do *subtle body* (corpo sutil), no estado de incorruptibilidade.

[203] d. *Renascimento (renovatio).* A quarta forma diz respeito ao renascimento *sensu strictiori*; em outras palavras, ao renascimento durante a vida individual. A palavra inglesa *rebirth* é o equivalente exato da palavra alemã *Wiedergeburt* (renascimento) e parece não existir no francês um termo que possua o sentido peculiar do "renascimento". Essa palavra tem um matiz específico. Possui uma conotação que indica a ideia de *renovatio*, da renovação ou mesmo do aperfeiçoamento por meios mágicos. O renascimento pode ser uma *renovatio* sem modificação do ser, na medida em que a personalidade renovada não é alterada em sua essência, mas apenas em suas funções, partes da personalidade que podem ser curadas, fortalecidas ou melhoradas. Estados de doença corporal também podem ser curados através de cerimônias de renascimento.

[204] Outra forma ainda é uma mutação propriamente dita, ou seja, o renascimento total do indivíduo. Neste caso, a renovação implica mudança da essência, que podemos chamar de transmutação. Trata-se da transformação do ser mortal em um ser imortal, do ser corporal no ser espiritual, do ser humano num ser divino. Um exemplo muito conhecido é o da transfiguração miraculosa de Cristo, ou a subida ao céu da Mãe de Deus com seu corpo, após a morte. Representações semelhantes podem ser encontradas no *Fausto*, segunda parte, isto é, a transformação de Fausto no Menino e depois no Dr. Mariano.

[205] e. *Participação no processo da transformação*. A quinta forma, finalmente, é o renascimento indireto. Neste caso, a transformação não ocorre diretamente pelo fato de o homem passar por morte e renascimento, mas indiretamente pela participação em um processo de transformação como se este se desse fora do indivíduo. Trata-se de uma participação ou presença em um rito de transformação. Pode ser uma cerimônia como a missa, por exemplo, em que se opera uma transubstanciação. Pela presença no ritual o indivíduo recebe a graça. Nos mistérios pagãos também existem transformações semelhantes, em que o neófito também recebe a graça, tal como sabemos acerca dos mistérios de Elêusis. Lembro-me da profissão de fé do neófito eleusino, que enaltece o efeito da graça sob a forma da certeza da imortalidade[3].

---

3. Cf. versos 480-482 do "*Demeterhymnus*" (Hino a Deméter) (DE JONG. *Das antike Mysterienwesen in religionsgeschichtlicher, ethnologischer und psychologischer Bedeutung*, p. 14):

> Bem-aventurado aquele que os viu nos habitantes da Terra!
> Mas não participou dos santos rituais
> Sorte diversa o aguarda na escuridão cega da morte!

2. Psicologia do renascimento

[206] O renascimento não é um processo de algum modo observável. Não podemos medi-lo, pesar ou fotografá-lo; ele escapa totalmente aos nossos sentidos. Lidamos aqui com uma realidade puramente psíquica, que só nos é transmitida indiretamente através de relatos. Falamos de renascimento, professamos o renascimento, estamos plenos de renascimento – e esta verdade nos basta. Não nos preocupamos aqui com a questão de saber se o renascimento é um processo de algum modo palpável. Devemos contentar-nos com a realidade psíquica. No entanto é preciso acrescentar que não estamos nos referindo à opinião vulgar acerca do "psíquico" que o considera um nada absoluto ou algo menos do que um gás. Muito pelo contrário, a meu modo de ver a psique é a realidade mais prodigiosa do mundo humano. Sim, ela é a mãe de todos os fatos humanos, da cultura e da guerra assassina. Tudo isso é primeiramente psíquico e invisível. Enquanto permanece "unicamente" psíquico não é possível experimentá-lo pelos sentidos, mas apesar disso trata-se indiscutivelmente de algo real. O fato de as pessoas falarem de renascimento e de simplesmente haver um tal conceito significa que também existe uma realidade psíquica assim designada. Como essa realidade é constituída, só o podemos deduzir a partir de depoimentos. Se quisermos descobrir o significado do renascimento, devemos interrogar a história para saber quais as acepções que esta lhe dá.

[207] O "renascimento" é uma das proposições mais originárias da humanidade. Esse tipo de proposição baseia-se no que denomino "arquétipo". Todas as proposições referentes

---

Em um epitáfio de Elêusis (op. cit.) lê-se:

> Em verdade, os deuses bem-aventurados anunciam um belo segredo!
> Aos mortais não é maldição a morte, e sim bênção!

ao sobrenatural, transcendente e metafísico são, em última análise, determinadas pelo arquétipo e por isso não surpreende que encontremos afirmações concordantes sobre o renascimento nos povos mais diversos. Um acontecimento psíquico deve subjazer a tais proposições. À psicologia cabe discutir o seu significado, sem entrar em qualquer conjetura metafísica e filosófica. Para obtermos uma visão abrangente da fenomenologia das vivências de transformação é necessário delimitar essa área com mais precisão. Podemos distinguir principalmente dois tipos de vivência: primeiro, a vivência da transcendência da vida, e, segundo, a de sua própria transformação.

A. A experiência da transcendência da vida

[208] a. *Vivências mediadas pelo rito sagrado*. Pelo conceito de "transcendência da vida" entendo as experiências acima mencionadas feitas pelo neófito através de sua participação em um rito sagrado que lhe revela a perpetuidade da vida através de transformações e renovações. Nos dramas de mistérios a transcendência da vida é representada, em face de suas formas concretas e constantes de manifestação, geralmente através do destino de morte e renascimento de um deus ou herói divino. O neófito é, pois, simples testemunha do processo, ou um participante ativo do mesmo, ou um possuído pelo drama divino, ou ainda se identifica com o deus, através do ritual. O decisivo neste caso é que a substância, a existência ou forma da vida objetiva em um processo que transcorre por si mesmo, se transforma ritualmente, sendo que o neófito recebe a "graça", é influenciado, impressionado ou "consagrado" por sua simples presença ou participação. O processo da transformação não ocorre no neófito, mas fora dele, apesar de este encontrar-se envol-

vido no processo. O neófito participa ritualmente da morte, do despedaçamento e da dispersão do corpo de Osíris, por exemplo, e, logo em seguida, de sua ressurreição. Ele faz assim a experiência da permanência e continuidade da vida que ultrapassa todas as modificações das formas manifestadas e sempre ressurge como fênix das próprias cinzas. Desta participação no evento ritual pode surgir, como efeito, aquela esperança de imortalidade, característica do neófito de Elêusis[4].

Um exemplo vivo do drama do mistério que representa a permanência e a transformação da vida é a missa. Se observarmos os fiéis durante o ofício litúrgico, podemos notar todos os graus de participação, da simples presença indiferente até a mais profunda compenetração emocionada. Os grupos masculinos que se aglomeram à porta da saída, conversando sobre coisas mundanas, fazendo o sinal da cruz e se ajoelhando mecanicamente partilham do ritual sagrado apesar de sua dispersão, pela simples presença no espaço cheio de graça. Na missa, Cristo é sacrificado através de um ato exterior ao mundo e atemporal, ressurgindo novamente na substância transformada pela consagração. A morte sacrifical no rito não é uma repetição do evento histórico, mas um ato eterno que ocorre por primeira e única vez. A vivência da missa é, pois, participação em uma transcendência da vida, que ultrapassa todas as barreiras de espaço e tempo. É um momento de eternidade no tempo[5]. [209]

b. *Experiências diretas*. Tudo o que o drama dos mistérios representa e produz no espectador também pode ocorrer sob a forma de uma experiência espontânea, extática ou visio- [210]

---

4. Cf. "Aspectos psicológicos da Core", em OC 9/1 §§ 306ss.; e contribuições de Jung em JUNG/KERÉNYI. *Einführung in das Wesen der Mythologie*. Zurique: Rhein-Verlag, 1915. – EDITORES.

5. Cf. JUNG. *O símbolo da transformação na missa*.

nária sem qualquer ritual. A visão do meio-dia de Nietzsche é um exemplo clássico disso[6]. Nietzsche, como é sabido, substitui o mistério cristão pelo mito de Dioniso-Zagreu, que foi desmembrado e retornou à vida ("...inteiramente abraçado pelo generoso amor da videira e escondido de si mesmo..."). Sua experiência tem, portanto, um caráter dionisíaco da natureza; a divindade aparece nas vestes da antiga natureza, é o momento da eternidade, a hora do meio-dia consagrada a Pan: "Acaso o tempo passou? Porventura estou caindo? Não cairia acaso no poço da eternidade?" O próprio "aro de ouro", o "anel do retorno" aparece a ele como uma promessa de ressurreição e vida[7]. É como se Nietzsche tivesse estado presente numa celebração de mistérios.

[211] Muitas vivências místicas têm um caráter semelhante: representam uma ação em que o espectador fica envolvido, embora sua natureza não mude necessariamente. Do mesmo modo, muitas vezes os sonhos mais belos e impactantes não têm efeito duradouro ou transformador sobre o sonhador. Este pode sentir-se impressionado, sem contudo ver nisso obrigatoriamente um problema. Neste caso o sucedido permanece "do lado de fora", como uma ação ritual executada por outros. Tais formas mais estéticas de vivência devem ser cuidadosamente destacadas das que indubitavelmente envolvem mudanças na natureza da pessoa.

B. Transformação subjetiva

[212] Transformações da personalidade não são ocorrências raras. Na realidade, elas desempenham um papel considerável na psicopatologia, embora sejam diversas das vivências

---

6. *Also sprach Zarathustra*, p. 400s.

7. HORNEFFER. *Nietzsches Lehre von der Ewigen Wiederkunft.*

místicas que acabamos de descrever e às quais a investigação psicológica não tem acesso fácil. No entanto, os fenômenos que a seguir examinaremos pertencem a uma esfera bastante familiar à psicologia.

[213] a. *Diminuição da personalidade*. Um exemplo da alteração da personalidade no sentido da diminuição é-nos dado por aquilo que a psicologia primitiva conhece como *loss of soul* (perda de alma). A condição peculiar implícita neste termo corresponde na mente do primitivo à suposição de que a alma se foi, tal como um cachorro que foge à noite de seu dono. A tarefa do xamã é então capturar a fugitiva e trazê-la de volta. Muitas vezes a perda ocorre subitamente e se manifesta através de um mal-estar geral. O fenômeno se conecta estreitamente com a natureza da consciência primitiva, desprovida da firme coerência da nossa própria consciência. Possuímos controle sobre o nosso poder voluntário, mas o primitivo não o tem. São necessários exercícios complicados para que ele possa concentrar-se em qualquer atividade consciente e intencional que não seja apenas emocional e instintiva. Nossa consciência é mais segura e confiável neste aspecto. No entanto algo semelhante pode ocorrer ocasionalmente com o homem civilizado, só que não o descrevemos como uma *loss of soul*, mas como um *abaissement du niveau mental*, termo que Janet designou para este fenômeno[8]. Trata-se de um relaxamento da tensão da consciência, que pode ser comparada com uma baixa leitura barométrica, pressagiando mau tempo. O tônus cedeu, o que é sentido subjetivamente como peso, morosidade e depressão. Não se tem mais nenhum desejo ou coragem de enfrentar as tarefas do dia. A pessoa se sente como chumbo porque nenhuma parte do corpo parece disposta a mover-se,

8. *Les Névroses*, p. 358.

e isso é devido ao fato de não haver mais qualquer energia disponível[9]. Este fenômeno bem conhecido corresponde à *loss of soul* do primitivo. O estado de desânimo e paralisação da vontade pode aumentar a ponto de a personalidade desmoronar, por assim dizer, desaparecendo a unidade da consciência; as partes isoladas da personalidade tornam-se autônomas e através disso perde-se o controle da consciência. Criam-se assim, por exemplo, campos anestesiados ou amnésia sistemática. Esta última é um "fenômeno histérico de perda". Esta expressão médica corresponde à *loss of soul.*

[214] O *abaissement* pode ser consequência de um cansaço físico e psíquico, de doenças somáticas, de emoções e choques violentos, cujo efeito é especialmente deletério sobre a autossegurança da personalidade. O *abaissement* sempre tem uma influência limitadora sobre a personalidade global. Diminui a autoconfiança e a iniciativa e limita o horizonte espiritual através de um egocentrismo crescente. Pode levar finalmente ao desenvolvimento de uma personalidade essencialmente negativa, que representa uma falsificação em relação à personalidade originária.

[215] b. *Transformação no sentido da ampliação*. A personalidade, no início, é raramente aquilo que será mais tarde. Por isso existe pelo menos na primeira metade da vida a possibilidade de ampliação ou modificação da mesma. Ela pode ocorrer por influência exterior e isso através de novos conteúdos vitais que afluem e são assimilados. Neste caminho pode-se fazer a experiência de um acréscimo essencial da personalidade. Por isso é frequente supor que tal ampliação venha *exclusivamente* de fora e nisto se baseia o preconceito de que nos tornamos uma personalidade na medida em que

---

9. O fenômeno-gana descrito pelo conde Keyserling (*Südamerikanische Meditationen*) pertence a este domínio.

recolhermos maximamente as experiências. Quanto mais seguirmos esta receita, pensando que todo acréscimo só vem de fora, tanto mais empobrecemos interiormente. Assim, pois, se formos tocados por uma grande ideia de fora, devemos compreender que ela só nos toca porque há algo em nós que lhe corresponde e vai ao seu encontro. Possuir disponibilidade anímica significa riqueza: não o acúmulo de coisas conquistadas. Só nos apropriamos verdadeiramente de tudo o que vem de fora para dentro, como também tudo o que emerge de dentro, se formos capazes de uma amplitude interna correspondente à grandeza do conteúdo que vem de fora ou de dentro. A verdadeira ampliação da personalidade é a conscientização de um alargamento que emana de fontes internas. Sem amplitude anímica jamais será possível referir-se à magnitude do objeto. Por isso diz-se com razão que o homem cresce com a grandeza de sua tarefa. Mas ele deve ter dentro de si a capacidade de crescer, senão nem a mais árdua tarefa servir-lhe-á de alguma coisa. No máximo, ela o destruirá.

[216] O encontro de Nietzsche com Zaratustra que transformou o aforista crítico no poeta trágico e profético é um exemplo clássico dessa ampliação. Paulo é um exemplo semelhante: Cristo veio de repente ao seu encontro na estrada de Damasco. Embora o Cristo que apareceu a Paulo não fosse possível sem o Jesus histórico, o aparecimento de Cristo a Paulo não proveio do Jesus histórico, mas sim do seu inconsciente.

[217] Num ponto culminante da vida em que o botão se abre em flor e do menor surge o maior, "um torna-se dois", e a figura maior – que sempre fomos, mas permanecia invisível – comparece diante do homem que fomos até então, com a força da revelação. O verdadeiramente pequeno e sem esperança sempre reduz à sua pequenez a revelação do grande e jamais compreenderá que o Juízo Final também

despontou para a sua pequenez. O ser humano intimamente grande sabe, porém, que o amigo da alma, pelo qual há tanto ansiava, o imortal, chegou enfim de fato para levar "cativo seu cativeiro"[10], aquele que sempre trouxe em si aprisionado a fim de capturá-lo, permitindo que a sua vida desembocasse em sua própria vida: um momento de perigo mortal! A visão profética de Nietzsche ao deparar com o bailarino na corda bamba[11] desvela o perigo ameaçador da atitude do "equilibrista" diante de um acontecimento, a que Paulo deu o nome máximo de que foi capaz.

[218] O próprio Cristo é o símbolo supremo do imortal que está oculto no homem mortal[12]. Habitualmente este problema é representado por um motivo dual, por exemplo, pelos Dioscuros, um dos quais é mortal e o outro, imortal. Um paralelo indiano é o do par de amigos:

Dois amigos unidos, esvoaçantes,
Abraçam juntos a mesma árvore;
Um deles come a frutinha doce,
O outro olha para baixo, sem comer.

O Espírito sobre essa árvore pairando
Sofre em sua impotência aflito, delirante;
mas quando louva e contempla
a onipotência e majestade do outro
Vê sua dor se esvaindo[13].

---

10. *Ef* 4,8 [tradução de Lutero].

11. *Also sprach Zarathustra*, p. 21s.: "Tua alma morrerá mais depressa do que teu corpo".

12. Cf. mais pormenores in: JUNG. *Tentativa de uma interpretação psicológica do dogma da Trindade* [§ 226s.].

13. Svetâsvatâra Upanishad IV, 6, 7, 9, in: DEUSSEN. *Sechzig Upanishads des Veda*, p. 301.

Um paralelo digno de nota é a lenda islâmica do encontro de Moisés com Chidr ou al Chadir[14], ao qual voltarei mais adiante. Naturalmente, não podemos ver a transformação da personalidade no sentido da multiplicação, apenas sob a forma de tais vivências significativas. Existe também uma casuística trivial que pode ser compilada facilmente a partir dos casos clínicos e do processo de cura de pacientes nervosos. Todos os casos finalmente em que o reconhecimento de algo maior rebenta um anel de ferro que oprime o coração pertencem a esta categoria[15]. [219]

c. *Modificação da estrutura interior*. Neste caso não se trata de ampliação nem de diminuição, mas de uma modificação estrutural da personalidade. Menciono como forma principal o *fenômeno da possessão*, o qual consiste no fato de um conteúdo, qualquer pensamento ou parte da personalidade, dominar o indivíduo, por algum motivo. Os conteúdos da possessão aparecem como convicções singulares, idiossincrasias, planos obstinados etc. Em geral, eles não são suscetíveis de correção. Temos de ser um amigo muito especial do possuído, disposto a arcar com as penosas consequências, se quisermos enfrentar uma tal situação. Recuso-me a traçar uma linha divisória absoluta entre possessão e paranoia. A possessão pode ser formulada como uma identificação da personalidade do eu com um complexo[16]. [220]

Um caso frequente é a identificação com a *persona*, que é o sistema da adaptação ou estilo de nossa relação com o mundo. Assim sendo, quase todas as profissões têm a sua [221]

---

14. *O Corão*, 18ª Sura.

15. Em minha dissertação inaugural *Sobre a psicologia e patologia dos fenômenos chamados ocultos*, 1902, descrevi um caso desse tipo de ampliação da personalidade.

16. A respeito do conceito da Igreja de possessão, cf. DE TONQUÉDEC. *Les Maladies nerveuses ou mentales et les manifestations diaboliques* (prefaciado pelo Cardeal Verdier).

persona característica. Tais coisas são fáceis de estudar atualmente, uma vez que as pessoas públicas aparecem fotografadas frequentemente na imprensa. O mundo exige um certo tipo de comportamento e os profissionais se esforçam por corresponder a tal expectativa. O único perigo é identificar-se com a persona, como, por exemplo, o professor com o seu manual, o tenor com sua voz; daí a desgraça. É que, então, se vive apenas em sua própria biografia, não se é mais capaz de executar uma atividade simples de modo natural. Pois já está escrito: "...e então ele foi para cá ou para lá; disse isso ou aquilo" etc. A túnica de Dejanira colou-se à pele de Héracles e nela se enraizou. É preciso a determinação desesperada de um Héracles para arrancar do corpo a túnica de Nesso e entrar no fogo da imortalidade, a fim de transformar-se naquilo que verdadeiramente é. Exagerando um pouco, poderíamos até dizer que a persona é o que não se é realmente, mas sim aquilo que os outros e a própria pessoa acham que se é[17].Em todo caso a tentação de ser o que se aparenta é grande, porque a persona frequentemente recebe seu pagamento à vista.

[222] Há também outros fatores que podem obcecar o indivíduo de forma decisiva. Entre eles, especialmente importante é a *função inferior*. Este não é o lugar adequado para tratar detalhadamente desta problemática[18]. Só quero ressaltar que a função inferior coincide com o lado obscuro da personalidade humana. O obscuro que adere a cada personalidade é a porta de entrada para o inconsciente, o pórtico dos sonhos. Dele saem aquelas duas figuras crepusculares,

---

17. Nesse contexto pode ser útil ler *Aphorismen zur Lebensweisheit de Schopenhauer* (*Parerga und Paralipomena* I [cap. II: "Sobre o que se é" e cap. IV: "Sobre o que se representa"]).

18. Este problema importante foi tratado com minúcias no cap. V de *Tipos psicológicos.*

a "sombra" e a "anima", para entrar na parte noturna do sonho, nas visões oníricas ou, permanecendo invisíveis, tomam posse da consciência do eu. Um ser humano possuído por sua sombra está postado em sua própria luz, caindo em suas próprias armadilhas. Sempre que possível, ele prefere exercer uma impressão desfavorável sobre os outros. Em geral, não tem sorte, porque vive abaixo de si mesmo, e no máximo alcança o que não lhe convém. Onde não há soleira na qual possa tropeçar, ele a constrói, imaginando ter feito algo útil.

[223] A possessão provocada pela *anima* ou *animus* apresenta, entretanto, uma outra imagem. Em primeiro lugar, ao dar-se a transformação da personalidade, evidenciam-se os traços do sexo oposto: no homem, o feminino e, na mulher, o masculino. No estado de possessão ambas as figuras perdem seu encanto e seus valores, que só possuem em estado de despreocupação em relação ao mundo (introversão), isto é, quando constroem uma ponte para o inconsciente. Voltada para fora, a anima é volúvel, desmedida, caprichosa, descontrolada, emocional, às vezes demoniacamente intuitiva, indelicada, perversa, mentirosa, bruxa e mística[19]. O animus, pelo contrário, é rígido, cheio de princípios, legalista, dogmático, reformador do mundo, teórico, emaranhando-se em argumentos, polêmico, despótico[20]. Ambos têm mau

---

19. Cf. descrição excelente da anima em Ulysses Aldrovandus (*Dendrologiae libri duo*, p. 146): "Ela aparecia simultaneamente como muito suave e muito dura, e embora mostrasse há quase dois mil anos as caras mais variáveis – a modo de um Proteu – cumulava de preocupações, inquietudes e aflições o amor. Suscitado certamente do caos, isto é, da confusão agatônica, do antigo cidadão bolonhês Lucius Agatho Priscus". Descrição semelhante encontra-se também na *Hypnerotomachia de Poliphilo*. (Cf. LINDA FIERZ-DAVID. *Der Liebestraum des Poliphilo*, p. 205s.)

20. Cf. EMMA JUNG. *Ein Beitrag zum Problem des Animus.*

gosto: a anima é cercada de indivíduos medíocres e o animus se presta a pensamentos medíocres.

[224] Outro caso de modificação estrutural diz respeito a algumas raras observações sobre as quais só posso externar-me com a maior reserva. Trata-se de estados de possessão em que esta é desencadeada por algo que poderíamos designar mais adequadamente por "alma ancestral" e precisamente como uma *determinada* alma ancestral. São casos de identificação visível com pessoas falecidas. (Os fenômenos de identificação ocorrem naturalmente após a morte do "ancestral".) Léon Daudet foi o primeiro a chamar minha atenção para tais possibilidades através do seu livro confuso, mas genial, *L'Hérédo*. Ele supõe que na estrutura da personalidade existem elementos ancestrais que repentinamente podem irromper sob certas condições. Através disso, o indivíduo pode precipitar-se subitamente em um papel ancestral. Agora sabemos que este papel tem um grande significado para o primitivo. Não há unicamente a suposição de que os espíritos ancestrais reencarnem nas crianças, mas tenta-se também transferi-los às crianças, dando-lhes os nomes correspondentes. Da mesma forma os primitivos procuram transformar-se a si próprios ritualmente nos ancestrais. Remeto à ideia australiana da *altjirangamitijna*[21] das almas ancestrais meio animais cuja revivificação através do culto tem o maior significado funcional para a vida da tribo. Essas ideias da idade da pedra eram amplamente difundidas, o que se pode reconhecer ainda através de numerosos vestígios em outros lugares. Por este motivo não é improvável que tais formas primordiais da vivência ainda se repitam hoje como identificações com almas ancestrais e acredito mesmo ter visto casos semelhantes.

---

21. Cf. o resumo em LÉVY-BRUHL. *La Mythologie primitive.*

d. *Identificação com um grupo.* Passemos agora ao comentário de outra forma de transformação, que chamaremos de identificação com um grupo. Trata-se mais exatamente da identificação de um indivíduo com um certo número de pessoas que têm uma vivência de transformação coletiva. É uma situação psicológica especial, que não deve ser confundida com a participação em um ritual de transformação, o qual é realizado de fato diante de um público, mas não depende de forma alguma de uma identidade de grupo nem gera necessariamente uma tal identidade. É algo bem diferente vivenciar a transformação no grupo do que em si mesmo. Em um grupo maior de pessoas ligadas e identificadas entre si por um estado de ânimo peculiar, cria-se uma vivência de transformação que tem apenas uma vaga semelhança com uma transformação individual. Uma vivência grupal ocorre em um nível inferior de consciência em relação à vivência individual. É um fato que, quando muitas pessoas se reúnem para partilhar de uma emoção comum, emerge uma alma conjunta que fica abaixo do nível de consciência de cada um. Quando um grupo é muito grande cria-se um tipo de alma animal coletiva. Por esse motivo a moral de grandes organizações é sempre duvidosa. É inevitável que a psicologia de um amontoado de pessoas desça ao nível da plebe[22]. Por isso, se eu tiver no grupo o que se chama uma vivência comunitária coletiva, esta ocorre em um nível de consciência relativamente inferior: por este motivo a vivência grupal é muito mais frequente do que uma vivência de transformação individual. É também muito mais fácil alcançar a primeira, pois o encontro de muitas pessoas tem uma grande força sugestiva. O indivíduo na multidão torna-se facilmente uma vítima de sua [225]

22. Cf. LE BON. *Psychologie der Massen.*

sugestionabilidade. Só é necessário que algo aconteça, por exemplo, uma proposta apoiada por todos para que cada um concorde, mesmo que se trate de algo imoral. Na massa não se sente nenhuma responsabilidade, mas também nenhum medo.

[226] A identificação com o grupo é, pois, um caminho simples e mais fácil; mas a vivência grupal não vai mais fundo do que o nível em que cada um está. Algo se modifica em cada um, mas essa mudança não perdura. Pelo contrário: a pessoa depende continuamente da embriaguez da massa a fim de consolidar a vivência e poder acreditar nela. Quando não está mais na multidão, a pessoa torna-se outro ser, incapaz de reproduzir o estado anterior. Na massa predomina a *participation mystique*, que nada mais é do que uma identidade inconsciente. Por exemplo, quando se vai ao teatro, os olhares encontram imediatamente os olhares que se ligam uns aos outros; cada um olha como o outro olha e todos ficam presos à rede invisível da relação recíproca inconsciente. Se esta condição se intensifica, cada um sente-se arrastado pela onda coletiva de identificação com os outros. Pode até mesmo ser uma sensação agradável – uma ovelha entre dez mil ovelhas. E se percebemos que essa multidão é uma grande e maravilhosa unidade tornamo-nos heróis exaltados pelo grupo. Voltando depois a nós mesmos, descobrimos que meu nome civil é este ou aquele, que moro nesta ou naquela rua, no terceiro andar e que aquela história, no fundo, foi muito prazerosa; e esperamos que amanhã ela se repita a fim de que eu possa me sentir de novo como um povo inteiro, o que é bem melhor do que ser apenas o cidadão x ou y. Como este é um caminho fácil e conveniente de ascensão a outros níveis de personalidade, o ser humano sempre formou grupos que possibilitassem vivências de transformação coletiva, frequentemente sob a forma

de estados extáticos. A identificação regressiva com estados de consciência inferiores e mais primitivos é sempre ligada a um maior sentido de vida, donde o efeito vivificante das identificações regressivas com os ancestrais meio teriomórficos da Idade da Pedra[23].

[227] A inevitável regressão psicológica dentro do grupo é parcialmente suprimida pelo ritual, isto é, pela cerimônia do culto que coloca no centro da atividade grupal a representação solene dos eventos sagrados, impedindo que a multidão caia numa instintividade inconsciente. Ao exigir a atenção e o interesse de cada indivíduo, a cerimônia do culto possibilita que o mesmo tenha uma vivência relativamente individual dentro do grupo, mantendo-se assim mais ou menos consciente. No entanto, se faltar a relação com um centro que expresse o inconsciente através de seu simbolismo, a alma da massa torna-se inevitavelmente o ponto focal de fascínio, atraindo cada um com seu feitiço. Por isso as multidões humanas são sempre incubadoras de epidemias psíquicas[24], sendo os acontecimentos na Alemanha nazista o evento clássico desse fenômeno.

[228] Contra esta avaliação da psicologia das massas, essencialmente negativa, objetar-se-á que há também experiências positivas como por exemplo um entusiasmo saudável que incentiva o indivíduo a ações nobres, ou um sentimento igualmente positivo de solidariedade humana. Fatos deste tipo não devem ser negados. A comunidade pode

---

23. O altjirangamitijna. Cf. os rituais das tribos australianas: SPENCER AND GILLEN. *The Northern Tribes of Central Australia*, bem como LÉVY-BRUHL. Op. cit.

24. Lembro-me do pânico catastrófico ocorrido em Nova York pouco antes da última guerra mundial, depois da emissão radiofônica de uma história fantástica de H.G. Wells [*War of the Worlds*] e que se repetiu recentemente em Quito.

conferir ao indivíduo coragem, decisão e dignidade que ele perderia facilmente no isolamento. Ela pode despertar nele a lembrança de ser um homem entre homens. Mas isso não impede que algo lhe seja acrescentado, algo que não possuiria como indivíduo. Tais presentes, muitas vezes imerecidos, significam no momento uma graça especial, mas a longo prazo há o perigo de o presente transformar-se em perda, uma vez que a natureza humana tem a debilidade de julgar que é indiscutivelmente sua tal dádiva; por isso, num momento de necessidade, passa a exigir esse presente como um direito seu em vez de obtê-lo mediante o próprio esforço. Infelizmente constatamos isso com grande clareza, na tendência de exigir tudo do Estado, sem refletir sobre o fato de que este é constituído por sua vez pelos mesmos indivíduos que fazem tais exigências. O desenvolvimento lógico desta tendência leva ao comunismo, no qual cada indivíduo escraviza a coletividade e esta última é representada por um ditador, isto é, um senhor de escravos. Todas as tribos primitivas, cuja ordem social é comunista, também têm um chefe com poderes ilimitados sobre elas. O estado comunista nada mais é do que uma monarquia absoluta em que não há súditos, mas apenas servos.

[229] e. *Identificação com o herói do culto*. Para a vivência da transformação também é importante a identificação com o deus ou herói que se transforma durante o ritual sagrado. Muitas cerimônias de culto têm por finalidade criar essa identificação. Na *Metamorfose* de Apuleio encontramos um bom exemplo disso: o neófito, que é um ser humano comum, é escolhido para ser Hélio coroado de palmas, coberto com um manto místico, venerado pela multidão. A sugestão da comunidade produz a identificação com o deus. A participação da comunidade também pode ocorrer sem a apoteose do neófito, mas o ofício sagrado é recitado e através dele

ocorrem gradualmente mudanças psíquicas individuais nos participantes, através de um longo período de tempo. Exemplo disso é o culto de Osíris. Inicialmente somente o faraó participava do deus da transformação, na medida em que apenas ele tinha "um Osíris". Mais tarde os nobres do reino obtiveram também um Osíris e finalmente o cristianismo coroou esse desenvolvimento, reconhecendo que todos têm uma alma imortal e participação direta na divindade. No cristianismo, a evolução continuou no sentido do Deus ou Cristo exterior transformar-se pouco a pouco no Cristo interior do indivíduo e, embora presente em muitos, permanece sempre um e o mesmo; uma verdade que já fora antecipada na psicologia do totem, em que durante as refeições o animal totêmico era morto e comido em muitos pedaços e, no entanto, era sempre único, tal como existe só *um* Menino Jesus e *um* Papai Noel.

[230] Através da participação do destino do deus nos mistérios, o indivíduo transforma-se indiretamente. No cristianismo eclesial a vivência da transformação é indireta, na medida em que ocorre através da participação no ritual oficiado ou recitado. O ritual oficiado (*dromenon*) é uma das formas e o recitado, ou a "Palavra", ou ainda a "Mensagem" é a outra. A primeira é característica do culto ricamente elaborado da Igreja Católica. A segunda forma é o "anúncio da Palavra" no protestantismo.

[231] f. *Procedimentos mágicos.* Outra forma de transformação é alcançada através de um rito usado para este fim. Em vez de se vivenciar a experiência de transformação mediante uma participação, o ritual é intencionalmente usado para produzir uma transformação. Este torna-se assim de certa forma uma técnica à qual nos submetemos. Por exemplo: um homem está doente e deveria ser "renovado" por isso. A renovação deveria "ocorrer-lhe" e para que ocorra ele é pu-

xado através de um buraco feito na parede na cabeceira de seu leito e assim renasce. Ou então recebe um outro nome e com este uma nova alma. Desse modo os demônios não o reconhecem mais; ou ainda deve passar por uma morte figurada, ou então é puxado grotescamente através de uma vaca de couro que o devora pela boca e o expele por trás. Ou ainda, passa por uma ablução ou banho batismal, transformando-se em um ser semidivino, com um novo caráter e um destino metafísico transformado.

[232] g. *Transformação técnica.* Além da utilização mágica do ritual existem ainda técnicas especiais que atraem além da graça correspondente ao ritual também o esforço do iniciado para alcançar a meta. Trata-se aqui de uma vivência de transformação produzida por meios técnicos. Pertencem a este contexto os exercícios denominados ioga no Oriente e *exercitia spiritualia* no Ocidente. Trata-se de uma técnica determinada, prescrita com maior ou menor precisão, a fim de atingir um efeito psíquico determinado ou pelo menos tentar atingi-lo. É o caso tanto na ioga mental como nos métodos ocidentais correspondentes[25]. São técnicas, no pleno sentido da palavra, derivadas da reelaboração de processos e transformações naturais. Outrora, quando não existiam pressupostos históricos, havia transformações espontâneas, de certo modo naturais, e agora elas são utilizadas em suas sequências na técnica, a fim de alcançar a transformação. O modo pelo qual tais métodos devem ter surgido originalmente pode ser esclarecido sob a forma da seguinte lenda:

[233] Era uma vez um velho estranho. Ele vivia numa caverna na qual se refugiara fugindo ao ruído das aldeias. Tinha a fama de mago e por isso possuía alunos que esperavam

25. Cf. JUNG. "Considerações em torno da psicologia da meditação oriental" [OC, 11/5].

aprender com ele a arte da magia. Ele, porém, não cogitava disso. Só procurava saber o que não sabia, mas tinha a certeza do que sempre ocorria. Tendo meditado muito tempo sobre o que nossa meditação não alcança, não teve outra saída para sua situação precária a não ser pegar uma argila vermelha e fazer todo tipo de desenhos nas paredes de sua caverna, a fim de descobrir como aquilo que ele não sabia poderia ser. Depois de muitas tentativas chegou ao círculo. "Isto está certo", achou ele, "e mais um quadrilátero dentro" e assim ficou melhor. Os alunos estavam curiosos, mas sabiam apenas que algo acontecia com o velho; eles teriam gostado demais de descobrir o que realmente ele fazia. Perguntaram-lhe: "O que fazes lá dentro?" Mas o velho não dava nenhuma informação. Descobriram então os desenhos na parede e disseram: "Ah! É isso!", e copiaram os desenhos. Mas assim, sem perceber, inverteram todo o processo: anteciparam o resultado, esperando com isso forçar o processo que havia conduzido àquele resultado. Assim acontecia outrora e ainda acontece hoje.

[234] h. *Transformação natural.* Já mencionei antes que além dos processos de transformação técnicos há transformações naturais. Todas as ideias acerca do renascimento fundamentam-se neste fato. A própria natureza exige morte e renascimento. O velho alquimista Demócrito diz: "A natureza alegra-se com a natureza, a natureza abraça a natureza, e a natureza vence a natureza"[26]. Há processos naturais de transformação que nos ocorrem, quer queiramos ou não, saibamos ou não. Tais processos produzem consideráveis efeitos psíquicos, que bastariam para que se indagasse reflexivamente o que realmente se produziu. Como o velho da nossa história, ele desenhará mandalas, entrará em seu círculo protetor e, na perplexidade e angústia da prisão por

26. BERTHELOT. *Collection des anciens alchimistes grecs*, II, I, 3, p. 43 (45).

ele mesmo escolhida à guisa de refúgio, se transformará em um ser semelhante aos deuses. Os mandalas são lugares de nascimento, ou melhor, conchas de nascimento, flores de lótus das quais nasce o Buda. O iogue sentado em flor de lótus vê-se transformado em uma figura imortal.

[235] Os processos naturais de transformação são anunciados principalmente no sonho. Em outra parte, apresentei uma série de símbolos oníricos do processo de individuação[27]. Eram sonhos que usavam sem exceção o simbolismo do renascimento. Em todo o caso, trata-se de um processo demorado de transformação interna e do renascimento em um outro ser. Este "outro ser" é o outro em nós, a personalidade futura mais ampla, com a qual já travamos conhecimento como um amigo interno da alma. Por isso é algo confortante para nós ao encontrarmos o amigo e companheiro reproduzido num ritual sagrado, como por exemplo naquela relação de amizade entre Mitra e o deus Sol, o que para a mente ilustrada representa um mistério, porquanto esta última costuma olhar para essas coisas sem empatia. No entanto, se ele levasse em conta o sentimento, descobriria que é o amigo o qual o Sol leva consigo em seu carro, tal como se vê nos monumentos. É a representação de uma amizade masculina, imagem externa de um fato interno: trata-se da representação da relação com o amigo interno da alma, no qual a própria natureza gostaria de nos transmutar: naquele outro, que também somos, e que nunca chegamos a alcançar plenamente. O homem é o par de um Dioscuro, em que um é mortal e o outro, imortal; sempre estão juntos e apesar disso nunca se transformam inteiramente num só. Os processos de transformação pretendem aproximar ambos, a

27. *Eranos-Jahrbuch* 1935. Este material encontra-se ampliado e reelaborado em *Psicologia e alquimia.*

consciência porém resiste a isso, porque o outro lhe parece de início como algo estranho e inquietante, e não podemos nos acostumar à ideia de não sermos senhores absolutos na própria casa. Sempre preferiríamos ser "eu" e mais nada. Mas confrontamo-nos com o amigo ou inimigo interior, e de nós depende ele ser um ou outro.

[236] Não precisamos ser doentes mentais para ouvir a sua voz. Muito pelo contrário, ouvi-la é a coisa mais simples e natural. Podemos por exemplo fazer uma pergunta à qual ele responde. O fluxo das ideias continua como em uma conversa comum. Podemos chamá-la uma mera "associação" ou um "solilóquio" ou uma "meditação" dos antigos alquimistas, que designavam o parceiro do diálogo como "*aliquem alium internum*", como um outro interior[28]. Esta forma de colóquio com o amigo da alma foi até mesmo admitida por Inácio de Loyola no método dos *Exercitia spiritualia*[29], com a limitação, porém, de que só o meditador fala, mas a resposta interna é omitida. Esta seria repudiada por provir supostamente apenas do homem e assim continua até hoje. O preconceito não é moral ou metafísico, mas – o que é pior – sua natureza é intelectual. A "voz" é explicada como uma associação tola que prossegue de um modo sem sentido ou propósito, como um mecanismo de relógio que saiu do eixo. Ou então pensamos: "trata-se apenas de meus pensamentos", mesmo que um exame mais acurado revele que se trata de pensamentos rejeitados ou jamais admitidos conscientemente; como se tudo o que fosse psíquico pertencesse à alçada do eu! Esta *hybris* cumpre o

---

28. RULANDUS. *Lexicon alchemiae*, p. 327, verbete *meditatio*.

29. IZQUIERDO. *Praxis Exercitiorum spiritualium* (p. 10): "*Colloquium aliud non est, quam familiariter loqui cum Christo Domino*" etc. [O Colóquio nada mais é do que conversar intimamente com Cristo, o Senhor.]

ofício útil da manutenção e supremacia da consciência, que deve ser protegida da dissolução no inconsciente. Mas ela sucumbe quando o inconsciente resolve tornar obsessivos alguns pensamentos insensatos, ou gerar outros sintomas psicógenos pelos quais não queremos assumir responsabilidade alguma.

[237] Nossa opinião sobre a voz interior move-se entre dois extremos: ou a vemos como um desvario total ou então como a voz de Deus. A ninguém ocorre que possa haver um meio-termo valioso. O "outro" que responde deve ser tão unilateral, por seu lado, quanto o eu. Do conflito entre ambos pode surgir verdade e sentido, mas isto só no caso de que o eu esteja disposto a conceder a personalidade que cabe ao outro. Este último tem uma personalidade própria, sem dúvida, tanto quanto as vozes dos doentes mentais; porém um colóquio verdadeiro só se torna possível quando o eu reconhece a existência de um interlocutor. Este reconhecimento não é comum entre as pessoas, pois nem todos se prestam aos *Exercitia spiritualia*. Não se trata naturalmente de uma conversa quando somente um dirige a palavra ao outro – como faz George Sand em suas conversas com seu amigo espiritual[30]; só ele fala nas trinta páginas em questão e ficamos esperando inutilmente a resposta do outro. Ao colóquio dos *Exercitia* segue-se talvez a graça silenciosa, na qual o cético moderno não acredita. Mas como seria se Cristo com o qual falamos desse uma resposta imediata através das palavras de um coração humano pecador? Que terríveis abismos de dúvida se abririam então? Que loucura temeríamos? Compreende-se que é melhor a mudez das imagens divinas e que a consciência do eu acredite em sua

30. [Presumivelmente: *Entretiens journaliers avec le très docte et très habile-docteur Piffoël* etc.] em seu *Intimate Journal*. – EDITORES.

supremacia em vez de prosseguir em suas associações. Compreende-se que o amigo interno apareça tantas vezes como inimigo e, por estar tão longe, sua voz é fraca. Quem "está próximo dele está próximo do fogo"[31].

[238] Talvez esse alquimista estivesse pensando em algo parecido quando disse: "Escolhe para ti aquela pedra, mediante a qual os reis são venerados em suas coroas e os médicos curam seus doentes, porque ela está próxima do fogo"[32]. Os alquimistas projetam os acontecimentos internos em formas externas e assim o amigo interno neles aparece sob a forma da "pedra", da qual o *Tractatus aureus* diz: "Entendei, ó filhos dos sábios, o que clama a pedra: protege-me e eu te protegerei, dá-me o que é meu, a fim de que eu te ajude"[33]. Um escoliasta acrescenta[34]: "O pesquisador da verdade ouve a pedra e o filósofo, como se ambos falassem por *uma* só boca". O filósofo é Hermes, e a pedra, idêntica a Mercúrio, corresponde justamente ao Hermes latino[35]. Desde os tempos mais remotos, Hermes é o mistagogo e o psicopompo dos alquimistas, seu amigo e conselheiro[36], que os conduz à meta da obra. Ele é "*tanquam praeceptor intermedius inter*

---

31. [*Neutestamentliche Apokryphen*, p. 35.]

32. Um Pseudo-Aristóteles in: *Rosarium philosophorum*, 1550, fol. Q.

33. "*Largiri vis mihi meum*" [Tu queres dar-me o que é meu] é o modo comum de ler, tanto na primeira edição de 1566, in: *Ars chemica*, sob o título *Septem tractatus seu capitula Hermetis Trismegisti, aurei*, como in: *Theatr. chem.*, 1613, IV, e MANGET. *Bibliotheca chemica curiosa* I, 400s. No *Rosarium philosophorum*, 1550, fol. E IV, encontra-se uma outra versão: "*Largire mihi ius meum ut te adiuvem*" [Dá-me o meu direito, a fim de que eu te ajude], o que representa uma das arbitrariedades interpretativas do anônimo do *Rosarium*, importante, porém, para a interpretação da alquimia.

34. MANGET. Op. cit., p. 430b.

35. Comprovantes minuciosos in: *Psicologia e alquimia* [§ 84s.] e O Espírito de Mercúrio [§ 278s. e 289].

36. Cf. a bela oração do Astrampsychos: Ἐλθέ μοι, κύριε Ἑρμῆ, onde se lê no final: "Eu sou tu, e tu és eu" [REITZENSTEIN. *Poimandres*, p. 21].

lapidem et discipulum"[37]. A outros, porém, o amigo aparece sob a figura de Cristo ou do Chadir, ou de um guru visível ou invisível. Ele também pode aparecer na figura de qualquer dirigente pessoal ou social. Neste caso o colóquio é decididamente unilateral. Não há diálogo interior, pois a resposta possível aparece como ação do outro, isto é, como acontecimento externo. Tal resposta ao alquimista se manifestava através da transformação da matéria química. Quando um deles buscava a transformação, a descobria fora, na matéria, e a transformação da mesma clamava: "Eu sou a transformação"; alguns eram tão lúcidos, que sabiam: "é a *minha* transformação, mas não pessoal, e sim a transformação de algo mortal em algo imortal em mim, que se liberta do seu invólucro mortal, o qual sou eu, e desperta agora para sua própria vida, entra na Barca solar que talvez me leve"[38].

[239] Trata-se de um pensamento muito antigo. Estive no Alto Egito, na região de Assuan, e entrei numa sepultura do Egi-

---

37. MANGET. Op. cit.: "Semelhante ao professor mediador entre a pedra e o aluno".

38. A pedra e sua transformação é representada como a ressurreição do *homo philosophicus*, do *segundo Adão* (*Aurora consurgens, quae dicitur Aurea hora, in:* Artis auriferae I, p. 185s.); como alma humana (livro de Krates, in: BERTHELOT. *La Chimie au Moyen Âge*, III, 50), como ser subordinado e superordenado ao ser humano ("*Hic lapis est subtus te, quantum ad obedientiam: supra te, quo ad dominium: ergo a te, quantum ad scientiam: circa te, quantum ad aequales*" [Esta pedra está abaixo de ti, para obedecer; acima de ti para mandar; portanto dentro de ti, para reconhecer; e em torno de ti, como igual a ti]) (*Rosinus ad Sarratantam*, in: *Art. aurif.* I, p. 310; como vida ("*sanguis est anima, et anima est vita, et vita lapis noster est*" [o sangue é a alma, e a alma é a vida, e a vida é nossa pedra]) (*Tractatus Aristotelis*, in: *Art. aurif.* I, p. 364; como a ressurreição dos mortos ("Calidis liber secretorum", ibid., p. 347, bem como *Rachaidibi fragmentum*, in: *Art. Aurif.* I, p. 398 e 401); como Maria virgo (*De arte chymica*, in: *Art. aurif.* I, p. 582); e como o próprio homem ("*tu es eius minera... et de te extrahitur... et in te inseparabiliter manet*" [tu és seu mineral... e de ti ele é extraído... e em ti ele permanece inseparável]) (*Rosinus ad Sarratantam*, in: *Art. aurif.* I, p. 311).

to Antigo, recentemente aberta. Atrás da porta da entrada havia uma cestinha de caniço com o cadáver seco de um recém-nascido envolto em trapos. Pelo visto a mulher de um trabalhador havia colocado furtivamente o recém-nascido morto dentro da sepultura de um nobre, a fim de que a criança participasse da salvação (do nobre) quando este entrasse na Barca solar para o nascer de um novo dia; a criança alcançaria a graça divina por ter sido enterrada em um lugar sagrado.

3. Exemplo de uma sequência de símbolos ilustrativos do processo de transformação

[240] Como exemplo, escolho uma figura que desempenha um papel importante na mística islâmica, ou seja, Chadir, o reverdejante. Ele comparece na 18ª Sura do *Corão*, que contém o mistério do renascimento; ela se intitula "a gruta". A gruta é o lugar do renascimento, aquele espaço oco secreto em que se é encerrado, a fim de ser incubado e renovado. O *Corão* diz sobre ela: "Talvez tenhas visto o Sol, como se inclinava ao nascer, a partir de sua gruta, afastando-se para o lado direito e deixando a gruta à esquerda ao poente, enquanto eles (os adormecidos) permaneciam no meio espaçoso". O "meio" é o centro, onde jaz o tesouro, onde se dá a incubação, o processo do sacrifício ou ainda a transformação. O mais belo desenvolvimento deste simbolismo se encontra em fragmentos de altares mitraicos[39] e nas representações alquímicas da substância da transformação[40],

---

39. CUMONT. *Textes et monuments figurés relatifs aux mystères de Mithra* II.

40. Cf. em especial a visão da coroação no sonho de Zósimo: "O qual trazia um objeto, branco a toda volta e brilhante na beleza mais madura e tinha o nome (*mesouranisma heliou*) 'posição do Sol no meio do céu'" (JUNG.

que sempre aparece entre o Sol e a Lua. Representações da crucificação também seguem o mesmo tipo. A mesma disposição simbólica encontra-se na cerimônia de transformação (ou de cura) dos navajos[41]. Esse lugar do meio ou da transformação é a gruta, em que os sete adormecidos foram descansar, sem saber que dentro dela experimentariam um acréscimo de vida no sentido de uma relativa imortalidade. Ao despertar, haviam dormido 309 anos.

[241] A lenda tem o seguinte sentido: Quem por acaso chega nessa gruta, ou seja, na gruta que cada um tem dentro de si, ou na escuridão que fica por detrás da sua consciência, é envolvido num processo de transformação, a princípio inconsciente. Através dessa entrada no inconsciente ele produz uma conexão de sua consciência com os conteúdos inconscientes. Pode então ocorrer uma grande modificação de sua personalidade no sentido positivo ou negativo. Frequentemente essa transformação é interpretada no sentido de um prolongamento da vida natural ou como um direito à imortalidade. O primeiro sentido é o caso de muitos alquimistas, principalmente o de Paracelso (no tratado *De vita longa*[42]), e o segundo é o caso clássico do mistério eleusino.

[242] O número dos sete adormecidos indica, pela sacralidade do número sete[43], que se trata de deuses transformados

---

Algumas observações sobre as visões de Zósimo, p. 23 [e *As visões de Zósimo*, § 86]).

41. MATTHEWS. *The Mountain Chant*, e STEVENSON. *Ceremonial of Hasjelti Dailjis.*

42. Uma representação da doutrina secreta a que faz alusão este tratado encontra-se em *Paracelso como fenômeno espiritual* [§ 170s.] de minha autoria.

43. As diversas visões da lenda referem-se ora a sete, ora a oito jovens. No relato do *Corão*, o oitavo é um cão. O *Corão* menciona ainda outras versões (na sura 18): "Alguns dizem: teriam sido... três, e o seu cão, o quarto; outros afirmam: teriam sido cinco, e contando com o cão, seis... Outros ainda dizem: teriam sido sete e com o cão, oito" (p. 242). O cão pertence

durante o sono, assim gozando de eterna juventude[44]. Graças a essa constatação sabemos antecipadamente que estamos lidando com uma lenda *misteriosófica*. O destino das figuras numinosas, narrado nessa lenda, fascina o ouvinte, porque o relato expressa processos paralelos em seu inconsciente, integrando-os assim à consciência. A repristinação do estado originário significa que a vida atingiu novo frescor juvenil.

[243] A história dos sete adormecidos é seguida, no texto do *Corão*, por considerações morais aparentemente desconexas. Mas a desconexão é apenas aparente; na realidade, o texto é a matéria utilizada por aqueles que não podem renascer, mas se contentam com a conduta moral, isto é, com a obediência à lei. Muitas vezes, o comportamento que se molda pelas prescrições é o substitutivo da transformação espiritual[45]. Ao comentário edificante segue-se então a história de Moisés e seu servo Josué ben Nun:

---

obviamente à estória. Poderia tratar-se aqui da dúvida característica do sete e do oito (tal como do três e quatro), que ressaltei in: *Psicologia e alquimia* [§ 200s.]. Lá aparece, do sete ao oito, a figura de Mefisto, o qual surgiu notadamente do cão, do cachorro lanudo. Do três ao quatro, o quarto é o diabo ou o feminino, em grau mais elevado, a *mater Dei* (cf. meus comentários in: *Psicologia e religião* [§ 124s.]). Poderia tratar-se de uma dúvida semelhante à da contagem do nove egípcio (*paut = company of the gods*; cf. BUDGE. *The Gods of the Egyptians* I, p. 88). A lenda refere-se à perseguição dos cristãos, de Décio, por volta de 250. Ela ocorre em Éfeso, onde João "dorme", mas ainda não morreu. Os sete adormecidos despertavam de novo sob o reinado do Imperador Teodósio II (408 a 450). Dormiram, portanto, quase 200 anos.

44. Os sete são os sete antigos deuses planetários. Cf. BOUSSET. *Hauptprobleme der Gnosis*, p. 23s.

45. Nas Epístolas Paulinas são discutidas amplamente a obediência à lei, por um lado, e a liberdade dos "filhos de Deus", portanto, dos renascidos, por outro. Trata-se, portanto, de duas categorias de seres humanos relativamente diferentes – separadas por um maior ou menor desenvolvimento da consciência –, como também do homem superior e inferior num mesmo indiví-

Moisés disse certa vez a seu servo: eu não quero parar de caminhar, mesmo que tenha de viajar por oitenta anos até chegar ao lugar de encontro dos dois mares. Depois de alcançarem esse lugar, esqueceram o peixe que seguiu seu caminho por um canal até o mar. Depois de haverem passado por esse lugar, Moisés disse a seu servo: – Traze-nos o do meio-dia, pois estamos cansados com esta viagem. O servo respondeu: – Vê o que me aconteceu! Quando acampávamos lá, junto à rocha, eu me esqueci do peixe. Só satanás pode ter sido a causa desse esquecimento e falta de lembrança, e de um modo estranho (o peixe) seguiu o caminho para o mar. Então Moisés lhe disse: – É lá, portanto, o lugar que procuramos. E retrocederam pelo mesmo caminho que haviam seguido. Nele encontraram um dos nossos servos que havíamos dotado de graça e sabedoria. Moisés disse-lhe: – Devo seguir-te para que me ensines uma parte da sabedoria que aprendeste, para minha orientação? Mas o servo respondeu: – Não aguentarás ficar a meu lado; como suportarias pacientemente estar perto de coisas que não podes compreender? Moisés, porém, respondeu: – Se Deus quiser, verás que sou paciente, e não te desobedecerei em nada. O Outro retrucou: – Pois bem, se quiseres seguir-me, não poderás perguntar-me coisa alguma, até que eu, espontaneamente, te ofereça a explicação. E, assim, ambos seguiram até chegar a um barco no qual o Outro fez um furo. Moisés disse então: – Será que fizeste um furo para

duo. O *sarkikos* (carnal) permanece eternamente submetido à lei, ao passo que o *pneumatikos* (espiritual) é o único capaz de renascer para a liberdade. A este estado de coisas corresponde o paradoxo aparentemente insolúvel da exigência absoluta de obediência à Igreja e da libertação da lei por ela afirmada ao mesmo tempo. Assim a lenda no texto do *Corão* fala ao *pneumatikos* e promete renascimento àquele que tem ouvidos para ouvir. Mas quem não tem ouvido interior, como o *sarkikos*, encontra satisfação e orientação segura em seu caminho, na cega submissão à vontade de Alá.

que a tripulação se afogue? Acho estranho o que fizeste. O Outro, porém, respondeu: – Eu já te dissera antes que não aguentarias ficar pacientemente a meu lado? Moisés respondeu: – Não me repreendas por tê-lo esquecido e não tornes tão difícil a ordem da obediência. Ao continuar, encontraram um jovem que o Outro matou. Moisés disse então: – Mataste um homem inocente, que não havia cometido nenhum assassinato. Na verdade, cometeste uma ação injusta. Mas o Outro respondeu: – Já não te dissera antes que não aguentarias ficar pacientemente a meu lado? Ao que Moisés respondeu: – Se eu te perguntar mais alguma coisa, não precisas continuar a suportar-me em tua companhia. Aceita isso como desculpa. E continuaram até chegar a uma certa cidade onde pediram comida a seus habitantes; mas estes recusaram-se a hospedá-los. Lá encontraram um muro que ameaçava ruir; o Outro, porém, o escorou. Moisés disse-lhe: – Se quisesses poderias ser remunerado por esse trabalho. Mas o Outro respondeu: – Aqui vamos separar-nos. Antes, porém, quero revelar-te o significado das coisas que não pudeste suportar com paciência. Aquele barco pertencia a pessoas pobres, que trabalhavam no mar, e eu o inutilizei porque um rei pirata os perseguia, saqueando cada barco que encontrava. No que concerne ao jovem que matei, os seus pais são pessoas de fé e temíamos que os contaminasse com seus extravios e falta de fé; por isso desejávamos que o Senhor lhes desse em troca um filho melhor, mais piedoso e mais amoroso. Aquele muro pertence a dois jovens da cidade que são órfãos. Debaixo do muro está enterrado um tesouro que lhes caberá, e, como seu pai era um homem honrado, é a vontade do teu Senhor que eles mesmos ao atingirem a maioridade retirem o tesouro pela graça do teu Senhor. Eu não agi, portanto, por capricho. Vê, esta é a explicação daquilo que não conseguiste suportar com paciência.

[244] Esta história é uma ampliação e elucidação da lenda dos sete adormecidos e do problema do renascimento sugerido por esta última. Moisés é o homem que está em busca (*quest*) de algo. É acompanhado nessa viagem por sua "sombra", pelo "servo" ou homem "inferior" (*pneumatikos* e *sarkikos* em *dois* indivíduos). Josué é o filho de Nun. Este é o nome que significa peixe[46], o que indica que Josué descende da profundidade da água, do obscuro e do mundo da sombra. O lugar crítico é alcançado no "encontro dos dois mares". Entre outras coisas, este lugar é interpretado como sendo o istmo de Suez, onde confluem os mares do Ocidente e do Oriente. Trata-se, portanto, do lugar do meio, que já encontramos mencionado no preâmbulo simbólico, mas cuja importância o homem e sua sombra não reconheceram no primeiro momento. É que eles haviam esquecido o seu peixe, o qual representa a fonte discreta de alimento. O peixe refere-se a Nun, pai da sombra e do homem carnal, que tem sua origem na obscuridade do Criador. O peixe despertara para a vida, saltando para fora do cesto, em direção à sua pátria, o mar; em outras palavras, o pai, o ancestral animal e criador da vida, separa-se do homem consciente, o que equivale a uma perda da alma instintiva. Este processo é um fenômeno de dissociação bem conhecido na psicopatologia das neuroses, que está sempre relacionada com uma unilateralidade da atitude consciente. Na medida em que os processos neuróticos nada mais são do que exageros de acontecimentos normais, não é de admirar-se que coisas muito parecidas também sucedam dentro do âmbito

46. Cf. VOLLERS. "Chidher" *Archiv für Religionswissenschaft*, XII p. 241s. Todas as citações dos comentários são extraídas deste artigo.

da normalidade. Trata-se da conhecida "perda da alma" dos primitivos, tal como descrevi acima no capítulo sobre a diminuição da personalidade; em linguagem científica trata-se de um *abaissement du niveau mental*. Moisés e seu servo logo percebem o que aconteceu.

[245] Moisés, cansado, sentou-se, com fome. Provavelmente sentiu primeiro uma falta fisiológica! O cansaço é um dos mais frequentes sintomas de uma tal perda de energia (libido). O processo total descreve algo típico: *o não reconhecimento de um momento de vital importância*, motivo ou tema que encontramos numa grande variedade de formas míticas. Moisés reconhece que inconscientemente encontrara a fonte da vida e que de novo a perdera, o que podemos ver como uma notável intuição. O peixe que queriam comer, incorporando-o, é um conteúdo do inconsciente, através do qual é restabelecida a conexão com a origem. Ele é o renascido e o que despertou para uma nova vida. Isso aconteceu, segundo dizem os comentários, mediante um contato com a água da vida. Ao escapar para o mar, o peixe torna-se de novo um conteúdo do inconsciente e seus descendentes caracterizam-se por terem apenas um olho e meia cabeça[47].

[246] A alquimia também conhece um estranho peixe no mar, o "peixe redondo sem pele nem ossos"[48], o qual representa o "elemento redondo", o germe da "pedra viva" do *filius philosophorum*. A água da vida teve seu paralelo na *acqua permanens* da alquimia. Esta água é enaltecida como *vivificans*, além de ter a propriedade de dissolver tudo o que é sólido e coagular tudo o que é líquido. Os comentários do *Corão* mencionam que o mar, no lugar em que o peixe desapareceu, tornou-se solo firme, onde ainda poderiam ser reco-

---

47. Op. cit., p. 253.

48. *Allegoria super Turbam*, in: *Art. Aurif.* I, p. 141 [*Aion*, § 195s.].

nhecidos os vestígios do peixe[49]. Naquela ilha estaria sentado o Chadir, no lugar do meio. Uma interpretação mística diz que ele estaria sentado "em um púlpito (trono) constituído de luz, entre o mar de cima e o mar de baixo"[50], logo também numa posição central. O aparecimento do Chadir parece estar em conexão secreta com o desaparecimento do peixe. Parece que ele mesmo tenha sido o peixe. Esta conjetura é confirmada pelo fato de os comentários transferirem a fonte da vida para o lugar da tenebrosidade[51]. A profundidade do mar é tenebrosa (*mare tenebrositatis*!). A escuridão tem seu paralelo na *nigredo* alquímica, que ocorre depois da *coniunctio*, quando o feminino recebe em si o masculino[52]. Da *nigredo* surge a "pedra", o símbolo do si-mesmo imortal; aliás, seu primeiro aparecimento é comparado a "olhos de peixe"[53].

---

49. VOLLERS. Op. cit., p. 244.

50. Op. cit., p. 260.

51. Op. cit., p. 258.

52. Cf. o mito da "*Visio Arislei*", sobretudo na versão do *Rosarium philosophorum* (*Art. aurif.* II, p. 246), a submersão do Sol no poço de Mercúrio, e o leão verde que devora o Sol (op. cit., p. 315 e 366). Cf. acerca disso *Psicologia da transferência* [§ 467s. do vol. XVI].

53. A pedra branca aparece durante o processo na borda do recipiente como "pedras preciosas do Oriente, como olhos de peixe" ("*tanquam oculi piscium*"; cf. HOLLANDUS. *Opera mineralia*, p. 286; também LAGNEUS. *Harmonia chemica*, in: *Teatr. chem.*, 1613, IV, p. 870). Os olhos aparecem ao findar a nigredo, quando começa a albedo. Uma analogia correspondente são as *scintillae* que surgem na matéria escura. Esta ideia remete a Zc 4,10: "*Quis enim despexit dies parvos? Et lactabuntur, et videbunt lapidem stanneum in manu Zorobabel. Septem isti, Oculi sunt Domini, qui discurrunt in universam terram*". ["Sim, aqueles que desprezaram o dia dos pequenos começos, verão, todos, com alegria o fecho da abóboda na mão de Zorobabel. Esses sete são os olhos do Senhor, que passam sobre toda a Terra."] (Cf. Eirenaeus Orandus na introdução ao Tratado de Flammel acerca dos hieroglifos, fol. A5). Trata-se dos sete olhos de Deus na pedra fundamental do templo novo (Zc 3,9). Os sete indicam as sete estrelas, os deuses planetários, representados pelos alquimistas em caverna subterrânea (MYLIUS. *Philosophia refor-*

[247] O Chadir deve representar também o si-mesmo. Suas propriedades qualificam-no como tal: parece que nasceu numa gruta, portanto nas trevas; é o "longevo" e, como Elias, sempre se renova. Como Osíris, no fim de seus dias, é despedaçado pelo Anticristo, mas pode despertar novamente para a vida. É análogo ao segundo Adão, com o qual é identificado o peixe, que revive[54]: um conselheiro, um paráclito, ou "irmão Chadir". Em todo caso Moisés o reconhece como uma consciência mais elevada e espera ser instruído por ele. Seguem-se então aquelas ações incompreensíveis, mostrando como a consciência do eu reage à orientação superior do destino do si-mesmo. Para o iniciado, capaz de transformação, trata-se de um relato consolador; para o obediente, porém, uma exortação para não resmungar contra a onipotência incompreensível de Alá. Chadir não representa apenas a sabedoria superior, mas também um modo de agir correspondente a ela, o qual ultrapassa a razão humana.

[248] O ouvinte de um relato semelhante de mistério reconhecer-se-á a si mesmo no Moisés que busca e no Josué distraído, e a história mostrar-lhe-á como se processa o renascimento, o qual propicia a imortalidade. O característico é que nem Moisés, nem Josué, são transformados, mas apenas o peixe esquecido. O lugar em que o peixe desaparece é o lugar do nascimento de Chadir. O ser imortal surge das coisas despercebidas e desprezadas e até do completamente improvável. Este é um tema corrente do nascimento do he-

---

mata, p. 167). São os que "dormem no Hades" ou lá "estão encarcerados" (BERTHELOT. *Alch. grecs.*, IV, xx, 8, p. 181). É uma alusão à lenda dos sete adormecidos.

54. VOLLERS. Op. cit., p. 254. Possivelmente devido a uma influência cristã. Cf. a refeição de peixe dos cristãos primitivos, e o simbolismo do peixe em geral. Quanto à simbólica do peixe, cf. minha obra *Aion – Estudos sobre o simbolismo do si-mesmo.*

rói e não necessita ser comprovado[55]. O estudioso da Bíblia lembrar-se-á de *Isaías* 53,2s., onde é descrito "o servo de Deus", e das histórias do nascimento nos Evangelhos. O caráter de alimento da substância ou deidade transformadora é encontrado em muitos relatos de cultos: Cristo é o pão, Mondamin, o milho[56], Dioniso, o vinho etc. Com estes símbolos encobre-se uma realidade psíquica que, do ponto de vista da consciência, significa provavelmente apenas algo a ser assimilado, mas cuja natureza própria passa despercebida. O símbolo do peixe alude diretamente a isso: é a influência "nutritiva" dos conteúdos inconscientes, os quais mantêm a vitalidade da consciência através de um influxo energético contínuo, uma vez que a consciência não produz sua própria energia. Aquilo que é passível de transformação é essa raiz da consciência despercebida e quase invisível (= inconsciente), da qual provém, no entanto, toda a força da consciência. Uma vez que o inconsciente nos dá a impressão de ser algo estranho, um não eu, é natural que seja representado por uma figura fora do comum. Por um lado, é a coisa mais insignificante, mas, por outro, na medida em que contém aquela totalidade "redonda" em potencial, que falta à consciência, é também a coisa mais significativa. O "redondo" é o grande tesouro que jaz oculto na caverna do inconsciente[57] e cuja personificação é justamente este ser

---

55. Mais exemplos in: *Transformações e símbolos da libido* [Segunda Parte]. Em vez de muitas provas alquímicas, cito o verso antigo: "*Hic lapis exilis extat, pretio quoque vilis, / Spernitur a stultis amatur plus ab edoctis*" ["Esta pedra invisível é de pequeno valor; quanto mais desprezada pelos tolos, tanto mais apreciada pelos sábios"] (*Rosarium philosophorum*, in: *Art. aurif.* II, p. 210). A "*lapis exilis*" pode eventualmente constituir a ponte para a "*lapsit exillis*", o Graal de Wolfram Von Eschenbach.

56. [A lenda dos Ojibway de Mondamin foi registrada por H.R. Schoolcraft e se tornou uma fonte para o *Song of Hiawatha* de Longfellow. Cf. M.L. WILLIAMS. *Schoolcraft's Indian Legends*, p. 58ss. – EDITORES].

57. Cf. "As visões de Zósimo" in: *Von den Wurzeln des Bewusstseins.*

pessoal que constitui a unidade mais elevada da consciência e do inconsciente. É uma figura comparável a Hiranyagarbha, Purusha, Atmã e ao Buda místico. Por este motivo escolhi para ela o termo "si-mesmo", entendendo-o como uma totalidade anímica, ao mesmo tempo um centro, sendo que ambos não coincidem com o eu, mas o incluem, como um círculo maior contém o menor.

[249] A intuição da imortalidade relaciona-se com a natureza peculiar do inconsciente. Há neste algo de não espacial e de atemporal. A prova empírica deste fato encontra-se nos chamados fenômenos telepáticos que, no entanto, ainda são negados por um ceticismo exagerado, mas que na realidade ocorrem com muito mais frequência do que em geral se acredita[58]. A intuição da imortalidade repousa, a meu ver, num *sentimento peculiar de expansão espaçotemporal.* Parece-me também que os ritos de deificação dos mistérios representam uma projeção desses fenômenos anímicos.

[250] O caráter do si-mesmo como uma personalidade é expresso com especial clareza na lenda do Chadir. Este elemento manifesta-se de modo extraordinário nos relatos sobre o Chadir, não contidos no *Corão*. Vollers dá exemplos expressivos em seu trabalho várias vezes citado. Em uma estada no Quênia, o guia do safári era um somali educado no sufismo. Para ele, o Chadir era uma figura completamente viva e ele me assegurava que eu poderia encontrar-me com o Chadir a qualquer momento, porque eu era um *m'tu-ya-kitâbu*[59], um "homem do Livro" (isto é, do *Corão*). Ele havia percebido

58. Cf. RHINE. *Neuland der Seele.* Aqui também um apanhado geral dos primeiros experimentos. Até hoje não foram levantadas objeções convincentes a esses resultados. Eles correm, portanto, o perigo de serem ignorados.

59. Trata-se da língua quissuahíli, a língua franca da África Oriental. Contém muitas palavras de origem árabe, conforme mostra este exemplo: *kitâb* = livro.

nas nossas conversas que eu conhecia o *Corão* melhor do que ele mesmo. (O que aliás não quer dizer grande coisa.) Por isso ele também me considerava um "*islamu*". Dizia-me que eu poderia encontrar o Chadir na rua, sob a forma de um homem ou que ele poderia aparecer-me durante a noite como uma pura luz branca, ou então – e neste momento arrancou sorrindo um talo de grama – o reverdejante também poderia ser visto assim. Certa vez recebera, ele mesmo, consolo e ajuda do Chadir: depois da guerra estivera muito tempo desempregado e sofria dificuldades. Uma noite, porém, enquanto dormia, teve o seguinte sonho: *viu na porta uma clara luz branca e sabia que era o Chadir. No sonho, levantou-se com rapidez e cumprimentou-o respeitosamente com salem aleikum (a paz esteja contigo) e sabia que agora o seu desejo seria satisfeito.* E realmente alguns dias depois recebeu uma oferta para ser chefe de safári (expedição) por uma firma de equipamentos de Nairóbi.

[251] Esse caso mostra como também atualmente o Chadir ainda vive na religião popular, como amigo, conselheiro consolador e também como mestre de sabedoria revelada. Sua posição dogmática foi descrita por meu somali como *maleika kwanza-ya-mungu* = anjo de Deus, portanto um tipo de "anjo da Face", um verdadeiro *angelos*, um mensageiro.

[252] O caráter de amigo do Chadir explica a parte da 18ª Sura que se segue. Eu transcrevo o texto literalmente:

> Os judeus perguntar-te-ão também sobre Dhulkarnain. Responde: Quero contar-vos uma história sobre ele. Consolidamos seu reino sobre a Terra, e lhe demos os meios de satisfazer todos os seus desejos. Certa vez seguia seu caminho até chegar ao lugar onde o Sol se põe e pareceu-lhe que o Sol se punha dentro de um poço cheio de lodo negro. Lá encontrou um povo. E nós lhe dissemos: Ó Dhulkarnain, castiga este povo ou mostra-te clemente para com

ele, ao que o primeiro respondeu: aquele que agir injustamente, a este castigaremos, e depois então deverá voltar ao seu Senhor, que o castigará ainda mais severamente. Aqueles, porém, que acreditam e agem corretamente, receberão a recompensa mais maravilhosa e tornaremos suaves para eles as nossas ordens. Caminhou então o seu caminho, até chegar ao lugar onde nasce o Sol. Encontrou-o nascendo sobre um povo ao qual nada déramos a fim de que se protegessem. Isto é verdade, pois abarcamos em nosso saber todos os que estavam com ele. E prosseguiu seu caminho, até chegar entre duas montanhas, onde encontrou um povo, que mal conseguia compreender a sua língua. Disseram-lhe: Ó Dhulkarnain, Gog e Magog estão pervertendo o país. Ficarias satisfeito se te pagássemos um tributo com a condição de construíres uma trincheira entre nós e eles? Ele retrucou: a força que o meu Senhor me deu é melhor que o vosso tributo. Ficai apenas firmemente a meu lado, que levantarei uma trincheira firme entre vós e eles. Trazei-me grandes peças de ferro a fim de preencher o espaço entre as duas vertentes da montanha. E continuou, dizendo: Soprai os foles a fim de que o ferro arda como o fogo. E continuou: trazei-me metal derretido para que eu derrame sobre ele. Assim, eles (Gog e Magog) não poderiam nem escalar a trincheira, nem perfurá-la. Então disse Dhulkarnain: Fiz isso com a graça do meu Senhor. Mas quando um dia a promessa do meu Senhor for cumprida, Ele transformará a trincheira em pó; a promessa do meu Senhor, porém, é verdadeira. Naquele dia deixaremos os homens caírem uns sobre os outros, como as ondas do mar; e quando a trombeta soar reuniremos a todos. Naquele dia daremos o inferno aos infiéis, cujos olhos estavam vendados e ouvidos cerrados, de forma que não podiam ouvir minha advertência.

[253] Encontramos de novo aqui uma daquelas incoerências que não são raras no *Corão*. Como podemos interpretar esta passagem aparentemente abrupta para o *Dhulkarnain*, o Bicornudo, isto é, Alexandre, o Grande? Independentemente do anacronismo inacreditável (a cronologia de Maomé deixa em geral muito a desejar) não se vê bem como Alexandre é trazido para esse contexto. Mas devemos lembrar que Chadir e Dhulkarnain são *o* grande par de amigos que é comparado com razão por Vollers aos Dioscuros. A relação psicológica deve ser mais ou menos a seguinte: Moisés tivera uma vivência tremenda do si-mesmo que revelara com grande clareza a seus olhos processos inconscientes. Depois, ao chegar até seu povo, os judeus, que são contados entre os infiéis, desejando contar-lhes algo sobre sua vivência, prefere fazê-lo novamente sob a forma de uma lenda de mistério. Em vez de falar de si mesmo prefere falar do "Bicornudo". O próprio Moisés também é cornudo de forma que a substituição de Dhulkarnain é plausível. O primeiro deveria contar e descrever a história desse amigo, isto é, como Chadir ajudou seu amigo. Dhulkarnain caminha em direção ao poente e, em seguida, ao nascente. Ele descreve, portanto, o caminho da renovação do Sol através de morte e escuridão para uma nova ascensão. Isso alude novamente ao fato de que é Chadir que ajuda o homem, não só nas necessidades do corpo, mas também no sentido de seu renascimento[60]. O *Corão* não faz distinção alguma nesta representação entre Alá, que fala de si mesmo como um de nós, e Chadir. Mas é claro que, nesse trecho, as ações de auxílio já descritas, simplesmente prosseguem, donde se conclui o quanto Chadir

---

60. Encontramos alusões semelhantes nas estórias judaicas sobre Alexandre. Cf. BIN GORION. *Der Born Judas* III, p. 133s., a lenda da "caverna sagrada", e p. 153, a história da "água da vida", relacionada com a Sura 18.

representa uma exemplificação ou "encarnação" de Alá. A relação de amizade entre Chadir e Alexandre tem um papel especial nos comentários, tal como a relação com o Profeta Elias. Vollers não hesita em estender a comparação ao par de amigos Gilgamesh e Enkidu[61].

[254] Moisés deve relatar, portanto, a seu povo os atos do par de amigos à maneira de uma lenda de mistério impessoal. Psicologicamente, isso deve significar que a transformação deve ser representada ou sentida como se acontecesse a "outro". Ainda que o próprio Moisés ocupe o lugar de Dhulkarnain em sua vivência com Chadir, o primeiro deve mencionar este último e não a si mesmo, ao contar a história. Dificilmente isso é acidental, pois o grande perigo psíquico ligado à individuação, o tornar-se quem se é, reside na identificação da consciência do eu com o si-mesmo. Isso produz uma inflação que ameaça dissolver a consciência. Toda cultura mais primitiva ou mais antiga tem uma sensibilidade mais fina em relação aos *perils of the soul* e à periculosidade e ambiguidade dos deuses. Em outras palavras: tais culturas ainda não perderam um certo instinto anímico para os processos de fundo, quase imperceptíveis, mas de vital importância, o que já não podemos afirmar acerca da cultura moderna. O par de amigos distorcidos pela inflação na figura de Nietzsche e Zaratustra está diante de nossos olhos e nos alerta, sem que os entendamos. E o que pensar de Fausto e Mephisto? A *hybris* fáustica já é o primeiro passo para a loucura. Parece-me que, no *Fausto*, o início da transformação discreta em cachorro e não num peixe comestível, além da figura transformada ser um diabo e não um sábio amigo "dotado de nossa graça e sabedoria", dá-nos uma chave para a compreensão da enigmática alma germânica.

---

61. [Cf. também JUNG. *Símbolos da transformação*, § 282s.]

[255] Mesmo omitindo certos pormenores do texto, quero acrescentar a construção do muro contra Gog e Magog, também conhecidos como *Yajuj* e *Majuj*. Este motivo repete o último feito de Chadir no episódio precedente, a saber, a reconstrução do muro da cidade. Agora, porém, o muro significa uma grande proteção contra Gog e Magog. A passagem poderia referir-se ao Ap 20,7s.:

> e quando se completarem os mil anos, satanás será solto de sua prisão e sairá para seduzir os pagãos nos quatro cantos da terra, Gog e Magog, reunindo-os para brigar; seu número é como a areia do mar. E subiram à superfície da Terra e cercaram o acampamento dos santos e a Cidade amada.

[256] Dhulkarnain assume aqui o papel de Chadir e constrói um muro indestrutível para o povo que residia "entre duas montanhas". Trata-se certamente de novo do lugar do meio, que deve ser protegido contra Gog e Magog, as massas inimigas indeterminadas e ilimitadas. Psicologicamente, trata-se novamente do si-mesmo (*Selbst*) entronizado no lugar central e designado no *Apocalipse* como a "Cidade amada", Jerusalém, o centro da Terra. O si-mesmo é o herói, cujo nascimento já é ameaçado por forças coletivas invejosas; o tesouro cobiçado por todos e que suscita contendas ciumentas, e finalmente o Deus que é despedaçado pelo poder originário e obscuro. A individuação em seu significado psicológico é um *opus contra naturam*, a qual gera na camada coletiva o *horror vacui* e sucumbe com demasiada facilidade ao impacto dos poderes anímicos coletivos. A lenda dos mistérios do par de amigos prestativos promete proteção[62] àquele que encontrou o tesouro em sua busca. Mas chegará

62. Semelhante aos Dioscuros, que salvam aqueles que estão em perigo no mar.

o dia, conforme a providência de Alá, do desmoronamento da trincheira de bronze, ou seja, o dia do fim do mundo, o que significa psicologicamente o momento em que a consciência individual é extinta nas águas da escuridão, quer dizer, quando ocorre portanto um fim de mundo *subjetivo*. Isto significa aquele momento em que a consciência submerge novamente naquela escuridão da qual emergira originariamente, tal como a ilha do Chadir, isto é, a morte.

[257] A lenda dos mistérios prossegue, adentrando o escatológico: naquele dia (do Juízo Final) a luz retorna à luz eterna, mas o obscuro retorna ao eterno obscuro. Os opostos separar-se-ão e será instaurado um estado permanente atemporal que, no entanto, representa uma tensão suprema, o estado inicial inverossímil, justamente devido à separação absoluta dos opostos; isto contrapõe-se a uma concepção que vislumbra o fim em uma *complexio oppositorum*.

[258] Esta visão da eternidade do paraíso e do inferno encerra a série de símbolos da 18ª Sura. Apesar de seu caráter aparentemente desconexo e muitas vezes apenas indicativo, ela é uma representação quase perfeita de uma transformação anímica que hoje, com o conhecimento psicológico mais vasto, podemos reconhecer como um processo de individuação. Devido à antiguidade da lenda e do contexto espiritual primitivo do profeta islâmico, o processo transcorre exclusivamente em um âmbito extraconsciente, sob a forma da lenda dos mistérios do amigo ou do par de amigos e de seus feitos. Por isso, tudo parece apenas indicado e carece de um encadeamento lógico, mas expressa o obscuro arquétipo da transformação tão admiravelmente, que o eros religioso apaixonado do árabe o considera bastante satisfatório. Por isso a figura de Chadir ocupa na mística islâmica um lugar de destaque.

III

A fenomenologia do espírito no conto de fadas[1]

Prefácio

[384] Pertence às regras invioláveis do jogo da ciência da natureza pressupor o seu objeto como conhecido, só na medida em que a pesquisa tem condições de declarar algo de cientificamente válido sobre ele. Neste sentido, porém, só é aceitável o que pode ser provado por fatos. O objeto da pesquisa é o fenômeno natural. Na psicologia, um dos fenômenos mais importantes é a *afirmação* e, em particular, sua forma e conteúdo, sendo que o segundo aspecto deve ser o mais significativo, em vista da natureza da psique. A primeira tarefa que se propõe é a descrição e a ordem dos acontecimentos, seguida pelo exame mais acurado das leis de seu comportamento vivo. A questão da substância da coisa observada só é possível na ciência da natureza onde existe um ponto de Arquimedes externo. Para a psique falta um tal ponto de apoio, porque só a psique pode observar a psique. Consequentemente, o conhecimento da substância psíquica é impossível, pelo menos segundo os meios de que dispomos atualmente. Isso não exclui de modo algum

---

1. Publicado pela primeira vez no *Eranos-Jahrbuch* em 1945 (Rhein-Verlag, Zurique, 1946) sob o título "Zur Psychologie des Geistes". Elaborado e ampliado com o título acima em: *Symbolik des Geistes* (Psychologische Abhandlungen VI). Rascher, Zurique, 1948.

a possibilidade de a física atômica do futuro poder propiciar-nos ainda o ponto de Arquimedes a que nos referimos. Por enquanto, nossas elucubrações mais sutis não podem estabelecer mais do que é expresso na seguinte sentença: *assim se comporta a psique.* O pesquisador honesto deixará de lado respeitosamente a questão da substância. Este ponto de vista não exclui a existência da fé, convicção e vivências de certezas de todo tipo, nem contesta a sua validade possível. Por maior que seja o seu significado para a vida individual e coletiva, faltam todos os meios à psicologia para provar a sua validade num sentido científico. Pode-se lamentar esta incapacidade da ciência, mas não é por isso que poderá ultrapassar seus limites.

1. Sobre a palavra "espírito"

[385] A palavra alemã *Geist* (espírito) possui um âmbito de aplicação tão vasto que requer um certo esforço para tornar claros todos os seus significados. Designa-se por espírito o princípio que se contrapõe à matéria. Pensa-se então em uma substância ou existência imaterial, que em seu nível mais elevado e universal é chamada "Deus". Também imaginamos essa substância imaterial como a que é portadora do fenômeno psíquico, ou até mesmo da vida. Contrariando essa concepção temos a antítese espírito-natureza. Aqui o conceito de espírito limita-se ao sobrenatural ou antinatural, tendo perdido a relação substancial com alma e vida. A concepção de Spinoza, de que o espírito é um atributo da substância una, representa uma limitação semelhante. O hilozoísmo vai mais longe ainda, ao considerar o espírito como uma qualidade da matéria.

[386] Uma concepção amplamente difundida concebe o espírito como um princípio de atividade superior, e a alma como in-

ferior; inversamente, entre certos alquimistas o espírito é visto como *ligamentum animae et corporis*, sendo que obviamente é considerado como *spiritus vegetativus* (posteriormente, espírito da vida ou dos nervos). É também comum a concepção de que espírito e alma são essencialmente a mesma coisa, só podendo ser separados arbitrariamente. Em Wundt o espírito é "o ser interior, independentemente de qualquer conexão com um ser exterior". Outros limitam o espírito a certas capacidades, funções ou qualidades psíquicas, tais como a razão e a capacidade de pensar frente às *faculdades afetivas* "da alma". Para estes autores o espírito significa o conjunto dos fenômenos do pensamento racional, ou seja, do intelecto, incluindo vontade, memória, fantasia, poder criativo ou motivações determinadas por um ideal. Outro significado de espírito outorga-lhe uma conotação "espirituosa", a qual supõe uma dinâmica surpreendente, multifacetada, rica em conteúdo e engenhosidade, brilhante, surpreendente e cheia de humor. Além disso, o espírito é designado como uma certa atitude ou seu princípio subjacente, como por exemplo educar "no espírito de Pestalozzi" ou "o espírito de Weimar é a herança imortal dos germânicos". Um caso especial é o espírito da época, o qual representa o princípio e motivo de certas concepções, julgamentos e ações de natureza coletiva. Existe ainda um chamado espírito objetivo, que significa o acervo total das criações culturais do homem, particularmente de natureza intelectual e religiosa.

[387] O espírito, compreendido como atitude, tem – como demonstra o uso corrente da língua – a tendência inconfundível à personificação: o espírito de Pestalozzi também pode ser tomado num sentido concretista, como seu espírito, isto é, a sua *imago* ou fantasma, bem como os espíritos de Weimar podem ser os espíritos pessoais de Goethe e Schiller, pois espírito tem ainda sempre o significado de aparição de

fantasma, isto é, a alma de um falecido. O "sopro fresco do espírito" indica, por um lado, o parentesco originário da ψυχή com ψυχρός e ψῦχος sendo que estes dois últimos têm o sentido de frio e, por outro lado, o significado originário de πνεῦμα, o que designa somente "o ar em movimento"; animus e anima, por sua vez, têm a ver com ἄνεμος (vento). A palavra alemã *Geist* (espírito) deve relacionar-se mais com algo que espuma e borbulha, razão pela qual não se pode rejeitar seu parentesco com *Gischt* (espuma), *Gäscht* (bolha), *Gheest* (fantasma) e com o *Aghast* (irritação) emocional. A emoção é concebida como possessão, desde os tempos mais remotos, e por isso dizemos ainda hoje que um indivíduo irascível é possuído pelo demônio ou por um mau espírito, ou é por eles cavalgado, ou que um espírito dessa categoria entrou nele[2]. Tal como os espíritos e as almas dos mortos são, segundo uma antiga visão, de constituição sutil, semelhante a um sopro de vento, ou fumaça, o *spiritus* significa também para o alquimista uma essência sutil, volátil, ativa e "vivificante" como, por exemplo, o álcool era compreendido, assim como as demais substâncias arcanas. Neste nível, o espírito é espírito do vinho, espírito do amoníaco, espírito fórmico etc.

[388] Esta quantidade de sentidos e nuanças de significados da palavra *Geist* (espírito) dificulta, por um lado, para o psicólogo, a delimitação conceitual de seu objeto, e, por outro, facilita sua tarefa de descrever seu objeto, uma vez que os múltiplos aspectos fornecem um quadro concreto do fenômeno. Trata-se de um complexo funcional, que originariamente era sentido, em nível primitivo, como uma presença invisível, a modo de um sopro. William James descreveu este fenômeno primordial em suas *Varieties of Religious Ex-*

2. Cf. minhas exposições em: *Geist und Leben*.

perience. Um exemplo bem conhecido por todos é o milagre do vento de Pentecostes. Para a experiência primitiva, a personificação da presença invisível, como aparição de um fantasma ou demônio, é muito conatural a eles. A alma ou espírito dos falecidos é o mesmo que a atividade psíquica dos vivos; é sua continuação. A ideia de que a psique é um espírito está implícita nisso. Quando algo de psíquico ocorre no indivíduo e este sente que o fenômeno lhe pertence, trata-se de seu próprio espírito. No entanto, se algo de psíquico lhe ocorre como algo estranho, trata-se de um outro espírito que talvez possa causar-lhe uma possessão. No primeiro caso, o espírito corresponde à atitude subjetiva, no último, à opinião pública, ao espírito da época ou à disposição originária ainda não humana, antropoide, que também chamamos inconsciente.

[389] Correspondendo à natureza constatamos que como vento originário do espírito, este último é sempre o ser ativo, alado e em movimento, como também o vivificante, estimulante, incitante, incendiário, inspirador. O espírito é, modernamente falando, o dinâmico e, por isso, forma o clássico oposto da matéria, ou seja, da sua estática, indolência e inércia. Em última análise, trata-se da antítese entre a vida e a morte. A diferenciação subsequente desta antítese conduz ao confronto marcante entre espírito e natureza. Se o espírito é o essencialmente vivo e vivificante, a natureza não pode ser sentida por isso como algo de não espiritual ou morto. Deve tratar-se, portanto, da pressuposição (cristã) de um espírito cuja vida é tão superior à da natureza que esta se comporta em relação a ele como se fosse morte.

[390] Este desenvolvimento especial da visão acerca do espírito baseia-se no conhecimento de que a presença invisível do espírito é um fenômeno típico, isto é, consiste no *próprio*

espírito e que este não é constituído apenas do borbulhar da vida, mas também de formações de conteúdo. No primeiro caso destacam-se imagens e modelos que preenchem a visão interior, e no último são o pensamento e a razão que ordenam o mundo das imagens. Assim sendo, um espírito superior sobrepôs-se ao espírito da vida originário e natural, colocando-se em relação a este numa posição oposta ao exclusivamente natural. O espírito superior tornou-se o princípio cósmico ordenador sobrenatural e supramundano e, como tal, foi designado por "Deus" ou pelo menos se tornou um atributo da substância una (tal como em Spinoza) ou ainda uma pessoa da divindade no contexto do cristianismo.

[391] O desenvolvimento correspondente do espírito numa direção inversa hilozoísta, porém, *a maiori ad minus*, ocorreu sob o signo anticristão, no materialismo. A premissa desse retrocesso é a certeza exclusiva da identificação do espírito com funções psíquicas, cuja dependência em relação ao cérebro e ao metabolismo se tornava cada vez mais clara. Era necessário apenas dar outro nome à "substância una", chamando-a de "matéria", para criar o conceito de um espírito que dependesse necessariamente da nutrição e do meio ambiente e cuja forma máxima era o intelecto ou a razão. Assim, a presença originariamente pneumática parecia ter entrado inteiramente no âmbito da fisiologia humana, e um autor como Klages poderia acusar o "espírito como adversário da alma"[3]. Neste conceito retirara-se a espontaneidade originária do espírito, depois que o mesmo fora degradado a um atributo servil da matéria. Era preciso que a qualidade própria do espírito, do deus *ex-machina,* ficasse preservada em algum lugar – se não nele mesmo, então em seu sinônimo originário, na alma, esse

---

3. KLAGES. *Der Geist als Widersacher de Seele.*

ser eólico, de cores cintilantes[4], semelhante a uma borboleta (anima, ψυχή).

[392] Embora a concepção materialista do espírito não tivesse prevalecido em toda parte, o seu conceito ficou preso no espaço dos fenômenos da consciência fora da esfera religiosa. O espírito, enquanto "espírito subjetivo", tomou o sentido do fenômeno endopsíquico puro, ao passo que o "espírito subjetivo" não significava o espírito universal, ou a divindade, mas o conjunto dos bens da cultura intelectual, os quais constituem nossas instituições humanas e o conteúdo de nossas bibliotecas. O espírito perdeu sua natureza primordial, sua autonomia e espontaneidade na mais vasta extensão, com a única exceção do âmbito religioso, onde seu caráter originário foi conservado pelo menos em princípio.

[392a[5]] Neste resumo foi descrita uma entidade que se apresenta como um fenômeno psíquico imediato, contrariamente a outros psiquismos, cuja existência depende casualmente, segundo a visão ingênua, de influências físicas. A relação da essência do espírito com condições físicas não é imediatamente percebida, razão pela qual se atribui imaterialidade ao fenômeno espiritual e isto numa medida maior do que no caso do fenômeno *anímico*, no sentido mais estrito. Este último é considerado, de certa forma, não só como dependente da *physis*, mas possuindo uma certa materialidade, a qual aparece na ideia do corpo sutil e na concepção chinesa da *alma-gui*. Devido à íntima conexão de certos processos psíquicos com fenômenos físicos paralelos não é possível

4. *Seele* (alma) em língua germânica, *saiwalô*, talvez aparentado com αἰόλος (multicolorido e cintilante, em movimento, mutável). Palavra que também tem o significado de astucioso e enganador, o que daria uma certa verossimilhança à definição alquímica da anima como Mercúrio.

5. [Este parágrafo não foi numerado na edição anglo-americana (1959), por descuido.]

aceitar uma total imaterialidade do anímico. Inversamente, o *consensus omnium* insiste na imaterialidade do espírito, mas nem todos lhe concedem uma substancialidade própria. Não é fácil, porém, reconhecer a razão pela qual a matéria hipotética, que hoje se apresenta de um modo completamente diverso do que há trinta anos, deva ser considerada a única real, em detrimento do espírito. Embora o conceito de imaterialidade em si não exclua de modo algum o da realidade, a visão leiga relaciona sempre realidade com materialidade. Espírito e matéria são certamente formas de um ser transcendental em si mesmo. Assim, por exemplo, os adeptos do tantrismo têm a mesma razão para dizer que a matéria nada mais é do que a concretitude do pensamento de Deus. A única realidade imediata é a realidade psíquica dos conteúdos conscientes, etiquetados com uma origem espiritual ou material, conforme o caso.

[393] É próprio do ser espiritual: primeiro, um princípio espontâneo de movimento e ação; segundo, a capacidade de criação livre de imagens, independentemente da percepção pelos sentidos; e terceiro, a manipulação autônoma e soberana das imagens. No homem primitivo o ser espiritual está *fora* e *diante* dele, mas com o desenvolvimento crescente deste último o ser espiritual atinge sua consciência, tornando-se uma função subordinada a ela, o que faz com que seu caráter originário de autonomia aparentemente se perca. Este caráter só é mantido ainda pelas visões mais conservadoras, ou seja, no âmbito das religiões. A descida do espírito à esfera da consciência humana se expressa no mito do νοῦς divino, que é aprisionado na φύσις. Este processo, que se estende através dos milênios, é provavelmente uma necessidade inevitável, e as religiões estariam perdidas se acreditassem na tentativa de que pudessem deter o ímpeto evolutivo. Mas não é sua tarefa, se estiverem bem orienta-

das, impedir o inelutável caminho das coisas; pelo contrário, sua tarefa é a de construir esse caminho de tal forma, que ele possa transcorrer sem dano fatal para a alma. As religiões devem, pois, lembrar-se constantemente da origem e do caráter originário do espírito, a fim de que o homem jamais se esqueça do que ele atrai para dentro de sua esfera, tudo aquilo que preenche seu campo de consciência. Não foi o homem que criou o espírito, mas este é o que o torna criativo, dando-lhe o impulso inicial e a ideia feliz, a perseverança, o entusiasmo e a inspiração. O espírito penetra de tal modo o ser humano que este corre o maior perigo de acreditar-se seu criador e *possuidor*. Na realidade, porém, o fenômeno primordial do espírito apodera-se do homem da mesma forma que o mundo físico é na aparência o objeto complacente das intenções humanas, quando na verdade aprisiona sua liberdade em mil laços, tornando-se uma ideia obsessiva. O espírito ameaça inflacionar o homem ingênuo e a nossa época forneceu exemplos extremamente instrutivos a respeito. O perigo torna-se tanto maior quanto mais o objeto externo prende o interesse e quanto mais o indivíduo se esquece de que uma tal relação com o espírito deveria caminhar de mãos dadas com a diferenciação dos nossos relacionamentos com a natureza, a fim de criar o equilíbrio necessário. Se o objeto interno não estiver confrontado com o objeto externo, disso resulta um materialismo sem freio acoplado a uma arrogância delirante ou a uma extinção da personalidade autônoma, o que em todo caso é o ideal do Estado totalitário e massificante.

[394] Como vemos, o conceito comum e moderno do espírito se adequa mal à visão cristã, que concebe o espírito como *summum bonum*, como o próprio Deus. Na realidade também existe a ideia de um espírito maligno. A ideia moderna de espírito, porém, não pode ser obnubilada por isso, uma

vez que o espírito não é necessariamente mau; pelo contrário, ele deve ser considerado moralmente indiferente ou neutro. Quando nas Escrituras se lê: "Deus é espírito", isto soa como a definição ou qualificação de uma substância. O diabo é investido, ao que parece, da mesma substância espiritual, embora esta seja má e corrupta. A identidade originária da substância expressa-se ainda na ideia da queda do anjo, bem como na estreita relação entre Javé e satanás no *Antigo Testamento*. Um efeito desta relação primitiva repercute no "Pai-nosso" quando pedimos: "Não nos deixeis cair em tentação", pois esta é a função própria do *tentador*, do demônio.

[395] Com isso, chegamos a uma questão que não havíamos levantado até agora no decorrer de nossas considerações. Recorremos primeiro às concepções histórico-culturais correntes, as quais foram produzidas pela consciência humana e por suas reflexões, a fim de situar os modos de manifestações psíquicas do fator "espírito". No entanto, não levamos em conta que o espírito, graças à sua autonomia originária que não pode ser psicologicamente questionada[6], é capaz de manifestar-se espontaneamente.

2. A autorrepresentação do espírito nos sonhos

[396] A manifestação psíquica do espírito indica simplesmente que é de natureza arquetípica, isto é, o fenômeno que denominamos espírito depende da existência de uma imagem primordial autônoma, universalmente dada de modo pré-consciente na disposição da psique humana. Como em

6. Mesmo que se conceba uma autorrevelação do espírito, por exemplo, uma aparição do espírito, como uma simples alucinação, a mesma não deixa de ser um fenômeno psíquico espontâneo (isto é independente da nossa vontade). Trata-se em todo caso de um complexo autônomo, o que é perfeitamente válido para os nossos objetivos.

todos os casos parecidos, encontrei este problema em meus pacientes, ao investigar seus sonhos. Chamou minha atenção em primeiro lugar o caráter por assim dizer "espiritual" de um certo tipo de complexo paterno; da imagem do pai partem afirmações, ações, tendências, impulsos, opiniões etc., às quais não podemos negar o atributo de "espirituais". Nos homens um complexo paterno positivo produz frequentemente uma certa credulidade em relação à instância autoritária e uma prontidão a submeter-se diante de todas as normas e valores espirituais. Nas mulheres dá origem a vivas aspirações e a interesses espirituais. Nos sonhos é de uma figura paterna que provêm convicções decisivas, proibições e conselhos. A invisibilidade desta fonte é muitas vezes ressaltada pelo fato de consistir apenas de uma voz autoritária que pronuncia julgamentos definitivos[7]. É por isso que a imagem de um velho simboliza geralmente o fator "espírito". Às vezes este papel é desempenhado por um espírito propriamente dito, ou seja, de uma pessoa falecida. Mais raramente são figuras grotescas, tais como gnomos, animais falantes e sábios que representam o espírito. As formas dos anões são encontradas, pelo menos na minha experiência, entre as mulheres, razão pela qual parece lógico que Barlach, no *Toten Tag*, tivesse atribuído à mãe a figura anã do "*Steissbart*", tal como Bes é ligada à deusa-mãe de Karnak. O espírito pode também apresentar-se em ambos os sexos sob a forma de um menino ou jovem. Nas mulheres esta figura corresponde a um animus "positivo", o qual indica a possibilidade de um empreendimento espiritual consciente. Nos homens essa forma não é tão unívoca. Ela pode ser positiva, significando neste caso a personalidade "superior", o si-mesmo ou o *filius regius*, tal como é concebido pelos

---

7. Um caso deste tipo é mencionado em *Psicologia e alquimia* [§ 52s.].

alquimistas[8]. Pode, entretanto, ser negativa, tendo nesse caso a conotação de sombra infantil[9]. Em ambos os casos, o menino representa um determinado espírito[10]. Ancião e menino pertencem um ao outro. Este par também desempenha um papel importante na alquimia, como símbolo de Mercúrio.

[397] Jamais se pode afirmar com cem por cento de certeza que as figuras espirituais do sonho sejam moralmente boas. Frequentemente elas têm o sinal não só da ambivalência como da malignidade. Devo, porém, ressaltar que o grande Plano segundo o qual é construída a vida inconsciente da alma é tão inacessível à nossa compreensão que nunca podemos saber que mal é necessário para que se produza um bem por enantiodromia, e qual o bem que pode levar em direção ao mal. Muitas vezes o *probate spiritus*[11] recomendado por João não pode ser senão a espera paciente e prudente de ver como as coisas se encaminham.

[398] A figura do Velho Sábio pode evidenciar-se tanto em sonhos como também através das visões da meditação (ou da "imaginação ativa") tão plasticamente a ponto de assumir o papel de um guru, como acontece na Índia[12]. O Velho Sábio aparece nos sonhos como mago, médico, sacerdote, professor, catedrático, avô ou como qualquer pessoa que

---

8. A visão do "menino nu" do Mestre Eckhart insere-se neste contexto [cf. § 268 deste volume].

9. Lembro-me dos "meninos" no romance de BRUNO GOETZ. *Das Reich ohne Raum.*

10. Cf. "a criança divina" [§ 267s. deste volume].

11. ["Provai os espíritos, para saber se vêm de Deus" (1Jo 4,1).]

12. Esta é a razão das várias histórias milagrosas sobre os rishis e mahatmas. Um indiano culto, com quem conversei sobre os gurus, respondeu-me quando lhe perguntei quem tinha sido o seu guru: "Foi Sankaracharya" (Século VIII/IX). Surpreso, fiz a seguinte observação: "Mas este é o conhecido comentador". Ao que respondeu: "Sim, foi ele, mas evidentemente o seu espírito", sem a mínima perturbação com a minha inquietação ocidental.

possuía autoridade. O arquétipo do espírito sob a forma de pessoa humana, gnomo ou animal manifesta-se sempre em situações nas quais seriam necessárias intuição, compreensão, bom conselho, tomada de decisão, plano etc., que no entanto não podem ser produzidos pela própria pessoa. O arquétipo compensa este estado espiritual de carência através de conteúdos que preenchem a falta. Um excelente exemplo é o sonho do mago branco e preto, o qual procurava compensar as dificuldades espirituais de um jovem estudante de teologia. Não conheço pessoalmente o sonhador, de modo que se exclui a possibilidade de minha influência pessoal. Ele sonhou que *estava diante de uma figura sacerdotal sublime, chamada "o mago branco", embora estivesse vestido com uma longa túnica negra. Este acabava de terminar um longo discurso com as palavras: "para isso precisamos da ajuda do mago negro". Abriu-se, então, repentinamente a porta e outro velho entrou, o "mago negro", que vestia uma túnica branca. Ele também era belo e sublime. O mago negro parecia desejar comunicar-se com o mago branco, mas hesitava fazê-lo na presença do sonhador. O mestre branco, então, disse-lhe, apontando para o sonhador: "Fale, ele é um inocente". O mago negro começou então a contar uma história estranha de como encontrara as chaves perdidas do Paraíso, sem saber como utilizá-las. Viera até o mago branco a fim de obter uma explicação acerca do segredo das chaves. Contou-lhe que o rei do país onde vivia estava à procura de um cenotáfio adequado para ele. Por acaso, os seus súditos haviam encontrado em escavações um antigo sarcófago, contendo os restos mortais de uma virgem. O rei abriu o sarcófago, lançou fora os ossos e mandou enterrar novamente o sarcófago vazio, a fim de preservá-lo para um uso posterior. Assim que os ossos chegaram à luz do dia, o ser a quem outrora haviam pertencido, isto é, a virgem, transformou-se num cavalo negro, que fugiu para o deserto. O mago negro perseguiu-o através do deserto e além, e lá encontrou, depois de muitas peripécias e dificuldades, as chaves perdidas do Paraíso.* Assim terminara a história e infelizmente também o sonho.

[399] A compensação certamente não ocorreu aqui, oferecendo ao sonhador o que lhe parecia desejável, mas fê-lo confrontar-se com um problema já aludido acima, que a vida sempre nos traz de novo, ou seja, a insegurança da avaliação moral, o emaranhado do bem e do mal e a concatenação inexorável da culpa, do sofrimento e da redenção. Este caminho para a experiência religiosa primordial é correto, mas quantos conseguem reconhecê-lo? Ele é uma voz suave que ressoa ao longe, uma voz ambígua, dúbia e obscura, significando perigo e risco; uma senda insegura que só podemos trilhar com a graça de Deus, sem certeza, nem sanção.

3. O espírito no conto de fadas

[400] Gostaria de apresentar material onírico moderno em maior quantidade. Receio, porém, que o individualismo dos sonhos peça um espaço maior, que extrapole os limites de nossa exposição. Por isso preferimos apelar para o folclore, onde nos são poupadas as confrontações e embaraços próprios da casuística individual e podemos observar as variações do tema do espírito, sem levar em consideração condições individuais mais ou menos únicas. Nos mitos e contos de fada, como no sonho, a alma fala de si mesma e os arquétipos se revelam em sua combinação natural, como "formação, transformação, eterna recriação do sentido eterno"[13].

[401] A frequência com que aparece o Velho como arquétipo do espírito no sonho é mais ou menos a mesma do que no

13. *Fausto*, segunda parte, Galeria escura.

conto de fadas[14]. O Velho sempre aparece quando o herói se encontra numa situação desesperadora e sem saída, da qual só pode salvá-lo uma reflexão profunda ou uma ideia feliz, isto é, uma função espiritual ou um automatismo endopsíquico. Uma vez que o herói não pode resolver a situação por motivos externos ou internos, o conhecimento necessário que compense a carência, surge sob a forma de um pensamento personificado, isto é, do velho portador de bom conselho e ajuda. Num conto de fadas da Estônia[15], conta-se, por exemplo, que um menino órfão e maltratado deixara escapar uma vaca no pasto, e por isso não queria voltar para casa, com medo do castigo. Fugiu então, às cegas, sem saber para onde. Encontrou-se assim numa situação desesperada, sem qualquer perspectiva possível. Exausto, caiu num sono profundo. Ao acordar "pareceu-lhe que algo líquido estivera em sua boca e viu um velhinho com uma longa barba grisalha, de pé, à sua frente, o qual estava recolocando a tampa na vasilha de leite. O menino pediu: 'dá-me de beber'. O Velho retrucou: 'Chega por hoje. Se meu caminho não tivesse passado por aqui ocasionalmente com certeza este teria sido teu último sono, pois quando te encontrei já estavas semimorto'. Então o Velho perguntou ao menino quem era e para onde se dirigia. O menino contou tudo o que vivera conforme se lembrava, até a surra da véspera. O Velho disse então: 'Meu querido menino! Passaste por algo que não é melhor nem pior do que muitos passam com seus queridos responsáveis e consoladores, que repousam em caixões debaixo da terra. Já não podes mais voltar. Como escapaste,

14. O material dos contos de fada que utilizo aqui, devo-o à colaboração amiga da Dra. Marie-Louise von Franz.

15. *Wie ein Waisenknabe unverhofft sein Glück fand* [como uma criança órfã inesperadamente encontrou sua felicidade] (Finnische und Estnische Volksmärchen n. 68).

tens que procurar um novo caminho no mundo. Eu não tenho casa, nem quintal, nem mulher, nem filho e por isso não posso cuidar de ti. Quero dar-te, porém, de graça um bom conselho'".

[402] O que o Velho disse até então poderia ter pensado o próprio menino, o herói do conto. Seguindo o ímpeto de sua emoção e fugindo assim a esmo, ele devia pelo menos ter pensado na necessidade de alimento. Teria sido necessário também refletir sobre sua situação num tal momento. Se o tivesse feito, toda a história de sua vida, até o passado mais recente, ter-lhe-ia ocorrido, como costuma acontecer. Trata-se, numa anamnese desse tipo, de procedimento útil, cuja meta é reunir todas as virtualidades do indivíduo no momento crítico, que exige a totalidade de suas forças físicas e espirituais, a fim de forçar a porta que se abre para o futuro. Ninguém vai ajudá-lo nessa tarefa e ele deverá contar apenas consigo mesmo. Não há recuo possível, este entendimento dará a necessária determinação ao seu comportamento. Na medida em que o Velho o leva a tomar consciência disso, este poupa-lhe o trabalho de pensar por si mesmo. Na realidade o Velho representa essa reflexão útil e a concentração das forças morais e físicas que se realiza espontaneamente no espaço psíquico extraconsciente, quando um pensamento consciente não é possível ou já não o é mais. No que diz respeito à concentração e tensão das forças psíquicas, há sempre algo que se nos afigura como magia; o fato é que elas desenvolvem uma força inesperada de penetração, a qual frequentemente supera o esforço consciente da vontade. Pode-se observar tal efeito experimentalmente no estado de concentração artificial induzido pela hipnose: em meus cursos eu costumava hipnotizar uma histérica de frágil compleição, que mergulhava num sono profundo, e a deixava deitada quase um minuto com a cabeça apoia-

da numa cadeira e os calcanhares em outra, rígida como uma tábua. Seu pulso subia pouco a pouco até 90. Entre os estudantes havia um atleta que tentou em vão imitar esse experimento mediante um esforço voluntário e consciente. Logo ele fraquejou e não conseguia manter a posição. Seu pulso subira a 120.

[403] O menino estava apto então a receber o bom conselho do Velho, isto é, a situação já não parecia desesperadora. O Velho aconselhou-o a continuar caminhando tranquilamente, sempre em direção leste onde, depois de sete anos, alcançaria a grande montanha cujo significado é a sua boa sorte. Tamanho e altura da montanha aludem à personalidade adulta[16]. Da força concentrada surge a segurança e, com ela, a melhor garantia do sucesso[17]. Nada mais lhe faltará. "Toma meu bornal e meu cantil de água", disse o Velho, "neles encontrarás diariamente todo o alimento e bebida que necessitares". Deu-lhe também uma folha de bardana, que podia transformar-se numa canoa, caso o menino tivesse que atravessar as águas.

[404] Muitas vezes pergunta o Velho, no conto de fadas, *por que, quem, de onde vem, aonde vai*[18], a fim de encaminhar a

---

16. A montanha representa a meta da caminhada e da ascensão, razão pela qual tem frequentemente o significado psicológico do si-mesmo. O *I Ching* descreve-o como meta: "O rei o apresenta à Montanha do Oeste" (Hexagrama n. 17, Sui, Seguir). Em Honório de Autun (*Speculum de mysteriis ecclesiae*, in: MIGNE, P.L. CLXXII, p. 345) lê-se: "*Montes patriarchae et prophetae sunt*" [As montanhas são patriarcas e profetas]. Ricardo De São Vítor diz: "*Vis videre Christum transfiguratum? Ascende in montem istum, disce cognoscere te ipsum*" [Queres ver o Cristo transfigurado? Sobe esta montanha, aprende a conhecer-te a ti mesmo]. (*Benjamin minor* in: MIGNE, P.L. CXCVI col. 53-56).

17. Há de se ressaltar especialmente a fenomenologia da ioga, neste aspecto.

18. Existem numerosos exemplos a respeito dessa questão: Spanische und Protugiesische Volksmärchen [n. 34: *Der weisse Papagei*; n. 45: *Königin Rose und der kleine Thomas*]; Russische Volksmärchen [n. 26: *Das Mädchen ohne*

autorreflexão e favorecer a reunião das forças morais e, mais frequentemente ainda, fornece os talismãs mágicos necessários[19], isto é, a possibilidade inesperada e improvável do êxito peculiar à personalidade unificada no bem e no mal. No entanto a intervenção do Velho, ou melhor, a objetivação espontânea do arquétipo, parece igualmente indispensável, uma vez que a vontade consciente por si mesma quase nunca é capaz de unificar a personalidade, a ponto de alcançar uma extraordinária possibilidade de êxito. Para tanto é necessária – não só no conto de fadas, mas na vida em geral – a intervenção objetiva do arquétipo que neutraliza a reação puramente emocional através de uma cadeia de confrontações e conscientizações internas. Estas conferem clareza no tocante ao *quem*, *onde*, *como*, *para que*, possibilitando assim o conhecimento da situação momentânea e da meta. O esclarecimento e o desembaraçar do novelo do destino têm um aspecto verdadeiramente mágico, experiência que não é ignorada pelo psicoterapeuta.

[405] A tendência do Velho de provocar a reflexão também é expressa no modo de convidar as pessoas a "dormir sobre o assunto". Deste modo ele diz à menina que procure seu irmão desaparecido: "Deita e dorme; a manhã é mais

---

Hände]; Märchen aus dem Balkan [n. 15: *Das Hirt und die drei Samovilen*]; Märchen aus Iran [*Das Geheimnis des Bades Bâdgerd*]; Nordische Volksmärchen I [Schweden, n. 11: *Der Werwolf*], p. 231.

19. Ele dá um novelo à menina que procura seus irmãos, o qual rola até eles (Finnische und Estnische Volksmärchen n. 83 [*Die kämpfenden Brüder*, p. 280]). Ao príncipe que busca o Reino do Céu é dada uma canoa, que anda por si só (Deutsche Märchen seit Grimm [*Die eisernen Stiefel*], p. 381). Outro presente é uma flauta, que faz tudo dançar (Märchen aus dem Balkan [*Die zwölf Brocken*], p. 173), ou a esfera indicadora de caminho e a vara que torna invisível (Nordische Volksmärchen [n. 18 Dänemark: *Die Prinzessin mit den zwölf Paar Goldschuhen*], p. 97) ou cachorros milagrosos (op. cit., p. 287 [n. 20 Schweden: *Die drei Hunde*]) ou um livro de sabedoria secreta (Chinesische Volksmärchen, p. 248 [n. 86: *Tchang Liang*]).

inteligente que a noite"[20]. Ele também enxerga através da situação obscura em que se encontra o herói em apuros, ou pelo menos sabe obter as informações que o ajudam a prosseguir. Para isso gosta de recorrer à ajuda dos animais, especialmente dos pássaros. O eremita diz ao príncipe que está à procura do caminho que leva ao céu: "Moro aqui há 300 anos, mas nunca me perguntaram acerca desse caminho; não posso responder-te, mas lá em cima, no outro andar da casa, moram os pássaros mais diversos; estes com certeza poderão dizer-te algo a respeito"[21]. O Velho sabe que caminhos conduzem à meta, e os mostra ao herói[22]. Avisa acerca dos futuros perigos e dá os meios de enfrentá-los eficazmente. Ensina, por exemplo, ao menino que deseja buscar água de prata na fonte, onde um leão monta guarda. O animal tem a peculiaridade enganosa de dormir de olhos abertos e vigiar de olhos fechados[23], ou então aconselha o menino, desejoso de cavalgar até uma fonte mágica, a fim de buscar a poção curativa para o rei, a apanhar a água durante o trote, sem apear-se, pois as bruxas espreitam para laçar todos os que da fonte se aproximam[24]. O Velho ordena à princesa, que busca o amante transformado num lobisomem, a acender o fogo, colocando sobre ele uma grande panela cheia de alcatrão. Em seguida, ela deve jogar no alcatrão fervente seu querido lírio branco e, ao chegar o animal, deverá despejar

---

20. Finnische und Estnische Volksmärchen n. 83 [Estland: *Die kämpfenden Brüder*], p. 280.

21. Deutsche Märchen seit Grimm [*Die eisernen Stiefel*], p. 382. Em um conto dos Bálcãs [15: *Der Hirt und die drei Samovilen*], o velho é o "Czar de todos os pássaros". Nesse lugar a pega está a par de tudo. Cf. o misterioso "Senhor do Pombal". In: MEYRINK. *Der weisse Dominikaner* (novela).

22. Märchen aus Iran [*Das Geheimnis des Bades Bâdgerd*], p. 152.

23. Spanische Märchen n. 34 [*Der weisse Papagei*], p. 158.

24. Op. cit. [n. 41: *Königin Rose oder der kleine Thomas*, p. 199].

o caldeirão sobre a cabeça do lobisomem, libertando assim seu amante do feitiço[25]. Ocasionalmente, o Velho tem espírito crítico, como no conto caucasiano do príncipe caçula que desejava construir uma igreja perfeita para o pai, a fim de herdar o reino. Ele a constrói e ninguém consegue achar uma falha sequer nessa obra. No entanto, um Velho aparece e diz: "Oh, que bela igreja você construiu! Mas é pena que o alicerce esteja um pouco torto!" O príncipe manda destruir a igreja e constrói uma outra, mas nessa também o Velho encontra uma falha, e isso por três vezes[26].

[406] O Velho representa, por um lado, o saber, o conhecimento, a reflexão, a sabedoria, a inteligência e a intuição e, por outro, também qualidades morais como benevolência e solicitude, as quais tornam explícito seu caráter "espiritual". Uma vez que o arquétipo é um conteúdo autônomo do inconsciente, o conto de fadas, concretizando o arquétipo, dá ao Velho uma aparência onírica, do mesmo modo que nos sonhos modernos. Num conto dos Bálcãs, o Velho aparece ao herói em apuros num sonho e dá-lhe o bom conselho de como poderia superar as tarefas impossíveis que lhe foram impostas[27]. Sua relação (do Velho) com o inconsciente é claramente manifesta em um conto russo, onde é designado "rei da floresta"[28]. Quando o camponês cansado se sentou num toco de árvore, deste saiu um velhinho de baixa estatura, "todo enrugado, e com uma barba verde que pendia até os joelhos". "Quem és tu?" perguntou o camponês. "Eu sou Och, o rei da floresta", disse o homenzinho. O camponês

25. Nordische Volksmärchen I, n. 11 [Schweden: *Der Werwolf*], p. 231s.

26. Kaukasische Märchen, p. 35s. [*Der Sprosser und die Nachtigall*], p. 35s. [*Die Nachtigall Gisar*: Balkan n. 51].

27. Balkanmärchen [n. 49: *Die Lubi und die Schöne der Erde*], p. 217.

28. Russische Märchen [n. 6: *Och*], p. 30s.

ofereceu-lhe o serviço de seu filho, que era desmazelado. "E quando o rei da floresta partiu com ele, conduziu-o a um outro mundo debaixo da terra, a uma cabana verde... Nela, tudo era verde: as paredes, os bancos, sua mulher e seus filhos também eram verdes. Enfim, tudo, tudo era verde. E as mulherzinhas de água que o serviam eram tão verdes como a arruda". Até a comida era verde. O rei da floresta é aqui descrito como um nume da vegetação ou da árvore, o qual, por um lado, reina na floresta e, por outro, também tem relação com o reino da água – através das sereias – o que nos faz reconhecer de modo claro sua conexão com o inconsciente, na medida em que este é frequentemente expresso pela floresta e pela água.

[407] A conexão com o inconsciente também é clara quando o Velho aparece como anão. No conto da princesa que procura o amante lê-se: "Chegou a noite, a escuridão e as estrelas nasciam e se punham; a princesa continuava sentada no mesmo lugar e chorava. Estando assim, imersa em seus pensamentos, ouviu uma voz saudando-a: 'Boa- noite, bela jovem! Por que estás sentada aí, tão só e triste?' Ela ergueu-se de um salto, perplexa, o que não era de estranhar. Mas, ao olhar à sua volta, só viu um velhinho minúsculo, que lhe acenava a cabeça com ar gentil e humilde". Num conto suíço, um homenzinho de ferro ("*es chlis isigs Manndle...*") vem ao encontro do filho do camponês (que quer levar uma cesta cheia de maçãs para a filha do rei) e lhe pergunta: "o que leva na cesta?" ("*...das frogtene, was er do e dem Chratte häig?*"). Em outra passagem o homenzinho ("*Manndle*") veste uma roupa de ferro ("*es isigs Chlaidle an*")[29]. A palavra "*isig*" (de

29. Trata-se do conto *Der Vogel Greif*, n. 84 dos Kinder- und Hausmärchen, coletados pelos irmãos Grimm II, p. 29s. O texto está repleto de erros fonéticos.

gelo, gelado) deve ser entendida como "*eisern*" (de ferro, férreo), o que parece mais verossímil do que "*eisig* ou *isig*" (de gelo, gelado). Neste último caso a forma correta seria "*es Chlaidle vo Is*" (uma roupinha de gelo). De fato existem os "*Eismännchen*" (homenzinhos de gelo), mas também os "*Erzmännchen*" (homenzinhos de metal), e em um sonho moderno até encontrei um homenzinho de ferro preto, o qual surgira num momento decisivo de uma mudança da vida, tal como nesse conto do João bobo, e estava a ponto de casar-se com uma princesa.

[408] Numa série moderna de visões, em que o arquétipo do Velho Sábio aparecia várias vezes, ora com estatura normal (ao aparecer no fundo de uma cratera ladeado de paredões íngremes de rocha), ora minúsculo e encontrando-se no topo de uma montanha, dentro de uma mureta baixa de pedra. O mesmo tema encontra-se também no conto de Goethe acerca da princesa anã, cuja morada era um cofre[30]. Neste contexto se inserem o *anthroparion*, o homenzinho de chumbo da visão de Zósimo[31], bem como o homenzinho de metal das minas, os hábeis dáctilos da Antiguidade, os *homunculi* dos alquimistas, os duendes, os *brownies* escoceses etc. A realidade de tais representações tornou-se clara para mim por ocasião de um grave acidente na montanha, quando após a catástrofe dois dos participantes tiveram a visão conjunta, em plena luz do dia, de um homenzinho de capuz que saía das fendas inacessíveis da geleira; atravessou-a em seguida, o que desencadeou nos dois homens um verdadeiro pânico. Muitas vezes encontrei temas que me davam a impressão de que o inconsciente era o mundo

30. *Die neue Melusine*. Conto de fada.

31. Cf. meu artigo "Einige Bemerkungen zu den Visionen des Zozimos". In: *Eranos-Jahrbuch* 1937.

do infinitamente pequeno. Do ponto de vista da razão, poder-se-ia deduzir que isso acontece porque se tem o obscuro sentimento de que se trata de realidades endopsíquicas, as quais deveriam ser muito pequenas para caber dentro da cabeça. Não sou amigo de tais conjeturas "racionais", embora não pretenda afirmar que todas elas não sejam cabíveis. Parece-me mais provável que a tendência ao diminuto, por um lado, e a ampliação exagerada (gigante!), por outro, têm a ver com a estranha incerteza do conceito de tempo-espaço no inconsciente[32]. O sentido humano de medida, isto é, nosso conceito racional de grande e pequeno é um antropomorfismo manifesto, que perde sua validade, não só no âmbito dos fenômenos físicos, mas também no do inconsciente coletivo, os quais se situam além do alcance do especificamente humano. O atmã é "menor do que o pequeno" e maior que o grande. É do tamanho de um polegar e, no entanto, "cobre o mundo inteiro por todos os lados, numa altura de dois palmos". Goethe fala acerca dos cabiros: "pequeno de estatura, mas grande na envergadura do poder"[33]. Do mesmo modo, o arquétipo do Sábio é minúsculo, quase imperceptível, e, no entanto, uma força do destino capaz de determiná-lo, quando se vai ao fundo das coisas. Os arquétipos têm esta peculiaridade em comum com o mundo atômico, o qual demonstra em nossos dias que quanto mais se aprofunda o experimento do pesquisador no universo da microfísica, tanto mais devastadoras são as energias que lá encontra comprimidas. Tornou-se claro que não é só no âmbito físico, mas também na investigação psicológica, que o maior efeito provém no menor. Quantas

---

32. Em um conto de fadas siberiano (n. 13, p. 62 [*Der in Stein verwandelte Mann*]), o velho aparece como uma figura branca erguendo-se até o céu.

33. *Fausto*, segunda parte, cena dos cabiros. Cf. *Psicologia e alquimia*, § 203.

vezes, num momento crítico da vida, tudo depende de um nada aparente!

[409] Em certos contos de fada primitivos a natureza esclarecedora de nosso arquétipo se expressa pelo fato de que o Velho é identificado com o Sol. Ele acarreta um incêndio que utiliza para assar uma abóbora. Depois de comê-la, afasta-se levando consigo o fogo, fazendo com que os homens tentem roubá-lo[34]. Num conto norte-americano, o Velho é um xamã que possui o fogo[35]. O espírito tem o aspecto do fogo, conforme sabemos através da linguagem do *Antigo Testamento* e da história do milagre de Pentecostes.

[410] Além de sua inteligência, sabedoria e conhecimento, o Velho se distingue, como já vimos, pela posse de qualidades morais: põe à prova a capacidade moral dos homens e distribui seus dons de acordo com essa prova. O conto estoniano[36] da enteada e da filha legítima é um exemplo especialmente claro. A primeira é uma órfã que se distingue pela obediência e senso de ordem. A história começa contando que ela deixa sua roca de fiar cair no poço. Pulando no poço para reavê-la, não se afoga, mas entra no país mágico e inicia sua busca. Encontra uma vaca, um carneiro e uma macieira, cujos desejos ela satisfaz. Chega então a um banheiro, onde está sentado um velho todo sujo, que lhe pede um banho. Segue-se então o diálogo: o Velho: "Bela menina, bela menina! Dá-me um banho! Para mim é muito penoso ficar assim tão sujo!" Ela: "Como posso acender o fogão?" "Junte tocos de madeira e excremento de gralha

---

34. Indianermärchen aus Südamerika, p. 285 [*Das Ende der Welt und der Feuerdiebstahl*].

35. Indianermärchen aus Nordamerika, p. 74 [*Geschichten von Mänäbusch: Der Feuerdiebstahl*].

36. N. 53: *Der Lohn der Stieftochter und der Haustochter*, p. 192s.

para fazer o fogo". Ela, porém, recolhe gravetos, ramos secos etc., e pergunta: "Onde devo buscar a água para o banho?" E ele: "Debaixo do secador de grãos encontrarás uma égua branca. Recolhe a urina dela numa tina". Mas a menina pega a água limpa e pergunta: "Onde posso encontrar uma esponja para o banho?" "Corta o rabo da égua branca e faze o esfregão". Ela, porém, o faz de fibras de bétula. "Onde posso achar sabão?" "Pega uma pedra do chão do banheiro e esfrega-me com ela". Ela, porém, vai buscar sabão na aldeia e assim lava o Velho. Como recompensa este lhe dá uma caixa cheia de ouro e pedras preciosas.

A filha legítima fica com inveja. Joga a roca de fiar dentro do poço, mas logo a encontra. Apesar disso, continua fazendo inversamente tudo o que a enteada fizera corretamente. A recompensa correspondeu àquilo que fizera. A frequência deste tema torna supérfluos outros exemplos. [411]

A figura do Velho, tão superior quanto prestativa, procura conectar de algum modo as duas irmãs (do conto) com a divindade. No conto alemão do "*soldado e da princesa negra*"[37] é relatado como a princesa amaldiçoada sai todas as noites do seu sarcófago para buscar e devorar o soldado que montava guarda em seu túmulo. Certo soldado, quando chegou a sua vez, tentou escapar. "Quando caiu a noite saiu furtivamente correndo através de campos e montanhas, até chegar a um belo prado. De repente apareceu diante dele um homenzinho de longas barbas grisalhas. Este, porém, não era senão o nosso querido Senhor Deus, o qual não queria mais continuar assistindo aqueles horrores que o diabo perpetrava todas as noites. 'Para onde vais?', perguntou o homenzinho grisalho. 'Não posso acompanhar-te?' E como o velhinho tinha um ar tão ingênuo e franco, o soldado contou-lhe [412]

37. Deutsche Märchen seit Grimm, p. 189s.

que estava fugindo e o motivo pelo qual o fazia". Segue-se então, como sempre, o bom conselho. Neste conto, o Velho é ingenuamente declarado como sendo o próprio Deus, tal como o alquimista inglês, Sir George Ripley, designa o "velho rei" como *antiquus dierum*[38].

[413] Como todos os arquétipos têm um caráter positivo, favorável, luminoso, que aponta para o alto, também têm um outro, que aponta para baixo, em parte negativo e desfavorável, e em parte ctônico, porém neutro. O arquétipo do espírito não constitui nenhuma exceção a essa regra. Sua forma anã já significa uma diminuição limitante, e sugere o caráter natural de um nume da vegetação, que provém do mundo subterrâneo. O Velho aparece num conto balcânico como deficiente, pois perdera um olho[39]. Os vilões, uma espécie de monstros alados, tinham vazado esse olho e o herói é encarregado de restituir-lhe a vista. O Velho perdera, portanto, uma parte da luz de seus olhos, isto é, do seu conhecimento e iluminação, a favor do mundo obscuro, demoníaco; este último o afeta, lembrando o destino de Osíris que perdera um de seus olhos ao avistar um porco preto, isto é, Seth. Lembra também o destino de Wotan que sacrificou o seu olho ao poço de Mimir. Significativamente, a cavalgadura do Velho do nosso conto é um bode, o que indica que ele possui um lado escuro. Em um conto siberiano, o Velho aparece como ancião perneta, maneta e caolho, o qual ressuscita um morto com um bastão de ferro. No decorrer da história, ele próprio é assassinado por engano por aquele que ressuscitara várias vezes, pondo assim a perder toda a sua ventura. O título do conto é: *O Velho*

38. O velho dos dias. – Em sua "Cantilena".

39. Balkanmärchen n. 36 [*Der König und seine drei Söhne*].

que tinha um lado só. Na realidade, o seu defeito significa que ele é apenas a metade de si mesmo. A outra metade é invisível, mas no conto aparece como um assassino, o qual atenta contra a vida do herói da história. Finalmente, o herói consegue matar seu múltiplo assassino; na confusão o herói também mata o Velho que tinha um lado só, o que alude à identidade dos dois assassinados. Disso resulta a possibilidade de que o Velho poderia ser simultaneamente o seu oposto: um vivificador bem como um assassino – *ad utrumque peritus*[40], como se diz em relação a Hermes.

[414] Nestas circunstâncias, por motivos heurísticos entre outros, sempre que o Velho aparece de um modo "modesto" e "ingênuo" é recomendável sondar cuidadosamente o contexto. No conto estoniano já mencionado, do menino que perdeu a vaca confiada a seu cuidado, pode-se levantar a seguinte hipótese: o Velho prestativo, que surgiu na hora exata, fizera astuciosamente desaparecer a vaca, a fim de dar um motivo para a fuga do seu protegido. Isto é claramente possível, como mostra a experiência do dia a dia: o saber superior, mas subliminar do destino, encerra o incidente desagradável, a fim de intimidar o João bobo da consciência do eu, para trazê-lo ao caminho próprio que ele jamais teria encontrado em sua estupidez. Se o menino órfão tivesse suspeitado que o Velho fizera desaparecer magicamente a sua vaca, este parecer-lhe-ia um espertalhão ou o diabo. O Velho, na realidade, também tem um aspecto *mau*, como um xamã primitivo que, por um lado, cura, e ainda, por outro, é o temível preparador de venenos. A palavra φάρμακον significa tanto remédio como veneno, e veneno afinal pode ser um ou outro.

40. [Perito em ambos.] PRUDÊNCIO. *Contra Symmachum*; cf. RAHNER. *Die seelenheilende Blume*, p. 132.

[415] Assim o Velho tem um caráter ambíguo, élfico, tal como a figura extremamente instrutiva de Merlin pode parecer o bem e, dependendo de sua manifestação, o mal. Neste último caso ele representa o mau feiticeiro que, por egoísmo, pratica o mal pelo mal. No conto siberiano[41], o Velho é um mau espírito, "sobre cuja cabeça havia dois lagos, onde nadavam dois patos". Ele se alimenta de carne humana. A história conta como o herói e sua gente vão a uma festa na aldeia próxima, deixando seus cães em casa. Estes decidem – segundo o ditado "quando o gato sai de casa, os ratos dançam" – fazer também uma festa. No auge desta, todos se precipitam sobre as provisões de carne. Quando as pessoas chegam, enxotam os cães. Mas estes perdem-se na selva. "O criador diz a Ememcut – o herói da história: 'Vai com tua mulher procurar os cães!' Mas este é surpreendido por uma terrível tempestade de neve e precisa refugiar-se na cabana do espírito mau. Segue-se o conhecido tema do diabo enganado. "Criador" significa o pai de Ememcut, mas o pai do criador chama-se o "autocriado" porque se criara a si mesmo. Embora o conto não contenha passagem alguma referindo-se ao fato de que o Velho com seus dois lagos sobre a cabeça tenha atraído o herói e sua mulher para aplacar a sua fome, pode-se conjeturar: 1) que um espírito especial entrou nos cães, levando-os a celebrar uma festa imitando seus donos, a fim de, contrariamente à sua natureza, fugirem; por essa razão Ememcut deve procurá-los; 2) que o herói é surpreendido por uma tempestade de neve a fim de lançar-se nos braços do Velho mau. O fato de o criador, filho do autocriado, colaborar cria um emaranhado de problemas, cuja solução preferimos deixar aos teólogos siberianos.

---

41. [N. 36: *Die Hunde.*]

Num conto dos Bálcãs, o Velho dá à czarina que não tem filhos uma maçã mágica para comer; ela engravida, dá à luz um filho que, a pedido do Velho, deveria ser seu afilhado. O menino, porém, é endiabrado, surrando todas as crianças e abatendo o gado dos pastores. Durante dez anos ele não recebeu nome algum. O Velho aparece, espeta-lhe uma faca na perna e o chama de "príncipe da faca". O menino quer sair de casa em busca de aventuras, o que o pai autoriza após longa hesitação. Uma faca espetada em sua perna é sua condição de vida: se alguém tirá-la, ele morrerá. Se ele mesmo o fizer, viverá. Finalmente, a faca torna-se fatídica, porquanto uma velha bruxa a tira enquanto ele dorme. Em consequência ele morre, mas sua vida é devolvida pelos amigos que conquistara[42]. Neste momento, o Velho o ajuda, porém é também o causador de um destino perigoso, que poderia levar ao mal. Este manifesta-se logo claramente no caráter violento do menino. [416]

Em outro conto dos Bálcãs encontra-se uma variante do nosso tema que merece ser mencionado: um rei procura sua irmã, que fora raptada por um estranho. Em suas andanças, hospeda-se na cabana de uma velha que o aconselha a não continuar essa busca. Uma árvore carregada de frutos recua cada vez que ele dela se aproxima, afastando-o cada vez mais da cabana. Quando finalmente para, um Velho desce da copa da árvore, oferecendo-lhe algo para comer, e o conduz ao castelo, onde vive com sua irmã desaparecida. Ela diz ao irmão que seu marido é um espírito mau que pretende matá-lo. Ao cabo de três dias, de fato, o rei desaparece. Seu irmão mais novo também sai à procura e mata o espírito mau que se mostra sob a forma de um dragão. O [417]

42. Balkanmärchen n. 9: *Die Taten des Zarensohnes und seiner beiden Gefährten.*

feitiço é quebrado e o dragão se transforma num homem belo e jovem que se casa com a irmã. O Velho que apareceu primeiro como um nume da árvore está em relação evidente com a irmã. Ele é um assassino. Num episódio acrescentado a esse conto, ele é acusado de ter encantado uma cidade inteira, tornando-a "de ferro", isto é, imóvel, rígida e trancada[43]. Ele também conserva presa a irmã do rei, sem deixá-la retornar à família. Isto denota que a irmã sofre uma *possessão pelo animus*. O Velho deve, pois, ser considerado como o animus da irmã. No entanto, o modo pelo qual o rei é incluído nessa possessão, bem como a procura da irmã, levam a pensar que ela seja a anima do irmão. O arquétipo fatídico apossou-se então primeiramente da anima do rei; em outras palavras, ele roubou do rei o arquétipo da vida, personificado na anima, forçando-o a sair em busca da graça da vida perdida, do "tesouro difícil de atingir", transformando-o assim no herói mítico, isto é, na personalidade superior que é uma expressão do si-mesmo. Neste ponto, o Velho atua como vilão e deve ser afastado à força, para depois aparecer como o esposo da irmã-anima, ou, mais exatamente, como noivo anímico, o qual celebra o incesto sagrado, enquanto símbolo da união dos opostos e iguais. Esta enantiodromia ousada, que ocorre frequentemente, significa não só um rejuvenescimento e transformação do Velho, mas também permite entrever uma relação interior secreta do bem com o mal e vice-versa.

[418] Nesta história vemos o arquétipo do Velho sob a forma do malfeitor envolvido nas peripécias e transformações de um processo de individuação, que termina sugestivamente no *hieros gamos*. No conto russo já citado do rei da floresta, este se revela primeiro como prestativo e benéfico e depois não quer mais restituir a liberdade do menino, de modo que

---

43. N. 35: *Der Schwiegersohn aus der Fremde.*

os fatos principais do conto giram em torno das múltiplas tentativas do menino para escapar das garras do feiticeiro. Em lugar da busca há o motivo da fuga, a qual parece ter os mesmos méritos que as aventuras corajosamente escolhidas, pois, afinal, o herói casa-se com a filha do rei. O feiticeiro, porém, deve contentar-se com o papel de diabo enganado.

4. O simbolismo teriomórfico do espírito no conto de fadas

[419] A descrição do nosso arquétipo estaria incompleta se omitíssemos uma forma particular de sua manifestação, isto é, sua forma animal. Esta última pertence de um modo geral ao teriomorfismo dos deuses ou demônios e tem o mesmo significado psicológico. A figura do animal indica que os conteúdos e funções em questão ainda se encontram na esfera extra-humana, isto é, num plano além da consciência humana participando consequentemente, por um lado, do sobre-humano demoníaco e, por outro, do infra-humano animal. É preciso, no entanto, levar em conta que essa divisão só é válida na esfera da consciência, onde corresponde a uma condição necessária do pensar. A lógica diz *tertium non datur*[44], significando que somos incapazes de imaginar os opostos em sua unicidade. Em outras palavras, a abolição de uma antinomia existente, apesar de tudo, só pode valer como um postulado. As coisas, porém, não são assim para o inconsciente, cujos conteúdos são paradoxais e antinômicos por si mesmos, inclusive a categoria do ser. A pessoa que desconhece a psicologia do inconsciente, se quiser fazer uma ideia desta questão deverá estudar os místicos cristãos

44. *Ein Drittes gibt es nicht* (Não existe um terceiro).

e a filosofia indiana, onde encontrará revelações mais claras sobre a antinomia do inconsciente.

[420] Embora o Velho tenha manifestado um aspecto e comportamento quase sempre humano em nossas considerações até aqui, os seus poderes mágicos, inclusive sua superioridade espiritual, sugerem que tanto no bem como no mal ele se encontra no nível extra-humano, sobre-humano e infra-humano. Seu aspecto animal não significa para o primitivo nem para o inconsciente uma desvalorização, pois em certos aspectos o animal é superior ao homem. Ele ainda não entrou na consciência perdendo-se nela, e não contrapõe ainda a vontade própria do eu àquela força da qual vive; pelo contrário, cumpre a vontade que nele impera de um modo quase perfeito. Se o animal fosse consciente, seria mais piedoso que o homem. A lenda do pecado original contém uma profunda doutrina, pois é a expressão de um pressentimento de que a emancipação da consciência do eu representa um ato luciferino. A história universal humana consiste, desde o início, num confronto do sentimento de inferioridade com a arrogância. A sabedoria busca o meio e paga por esta temeridade o preço de uma afinidade dúbia com o demônio e com o animal, sofrendo por isso um falso julgamento moral.

[421] No conto de fadas deparamos frequentemente com o motivo dos animais *prestativos*. Estes comportam-se humanamente, falam língua humana e mostram uma sagacidade e um conhecimento superiores aos do homem. Neste caso pode-se dizer com razão que o arquétipo do espírito se exprime através da figura de um animal. Num conto de fadas alemão[45] é relatado como um jovem que busca sua princesa desaparecida encontra um lobo que lhe diz: "Não

45. *Die Prinzessin auf dem Baum* (Deutsche Märchen seit Grimm).

tenhas medo! Dize-me: para onde vai o teu caminho?" O jovem conta-lhe sua história, após o que o lobo lhe oferece um dom mágico, isto é, alguns de seus pelos, com a ajuda dos quais o jovem poderia ser ajudado a qualquer momento. Este *intermezzo* transcorre exatamente do mesmo modo que o encontro com o Velho solícito. Na mesma história comparece também o outro lado do arquétipo, isto é, seu lado mau. Para esclarecer isto daremos a seguir algumas passagens deste conto.

[422] O jovem que guardava seus porcos na floresta descobre uma árvore cujos galhos se perdem nas nuvens. "Como será o mundo se o observares do alto de sua copa?", diz de si para consigo. Sobe então na árvore, o dia inteiro, sem alcançar os galhos. O Sol se põe e ele precisa passar a noite em uma forquilha da árvore. No dia seguinte, continua a subir e ao meio-dia atinge a copa. Só no fim da tarde chega a uma aldeia construída dentro dos galhos. Lá moram camponeses que o alimentam e lhe dão abrigo para a noite. De manhã, continua a escalada. Lá pelo meio-dia chega a um castelo onde mora uma donzela. Descobre então que a árvore termina nesse ponto. Ela é a filha de um rei, mantida presa por um mau feiticeiro. O jovem fica com a princesa e tem autorização para entrar em todos os aposentos do castelo, com exceção de um só, cujo acesso a princesa lhe proibiu. A curiosidade, porém, foi mais forte. Ele abre a porta e encontra no quarto um corvo pregado na parede com três pregos. Um deles atravessa-lhe o pescoço e os outros dois as asas. O corvo queixa-se de sede e o jovem, movido pela compaixão, dá-lhe água para beber. A cada gole cai um prego e, no último, o corvo se liberta e sai voando pela janela. Quando a princesa fica sabendo, assusta-se muito e diz: "O corvo era o diabo que me enfeitiçou... Agora não demorará muito para vir buscar-me!" De fato, numa bela manhã ela desapareceu.

[423] O jovem põe-se à sua procura e, como dissemos acima, encontra o lobo. Do mesmo modo, encontra também um urso e um leão, que também lhe dão alguns pelos. Além disso, o leão diz-lhe que a princesa está presa numa casa de caçadores, nos arredores. O jovem encontra a casa e a princesa, mas é informado de que a fuga é impossível, pois o caçador possui um cavalo branco de três pernas, o qual sabe tudo e avisaria infalivelmente o caçador. Apesar disso, o jovem tenta a fuga, porém em vão. O caçador o alcança, mas como o jovem já havia salvo a sua vida quando era corvo, o caçador resolve deixá-lo partir. Este último regressa com a princesa na garupa. O jovem entra de novo furtivamente na casa, no momento em que o caçador fora para a floresta, e convence a princesa a revelar-lhe o segredo mediante o qual o caçador conseguira aquele cavalo branco e inteligente. Ela o consegue de noite e o jovem que se escondera debaixo da cama descobre que mais ou menos uma hora distante dali mora uma bruxa que cria cavalos mágicos. Aquele que conseguir guardar os potros durante três dias poderá escolher para si, como recompensa, um cavalo. Outrora ela possuía, além dos cavalos, doze cordeiros, a fim de com eles aplacar a fome dos doze lobos que moravam na floresta em torno do seu quintal e assim impedi-los de se precipitarem sobre alguém. Ela, porém, não lhes dera os cordeiros. Os lobos o teriam perseguido ao voltar montado no cavalo branco e, no momento de atravessar a divisa, teriam conseguido arrancar uma perna do cavalo. Por isso, seu cavalo só tem três pernas.

[424] Mais que depressa o jovem vai até a casa da bruxa e faz um trato com ela, sob a condição de dar-lhe não apenas o cavalo que ele mesmo escolheria, mas também os doze cordeiros. A bruxa concorda. Ela ordena ao potro que fuja. Para adormecer o jovem, dá-lhe aguardente. Ele bebe, ador-

mece e os potros escapam. No primeiro dia, ele os recupera com a ajuda do lobo. No segundo dia, quem o ajuda é o urso e, no terceiro, o leão. Pode então escolher a sua recompensa. A filhinha da bruxa lhe revela qual é a montaria da mãe. Naturalmente trata-se do melhor cavalo, que também é branco. O jovem o pede para si. Mal sai da estrebaria, a bruxa fura os cascos do cavalo branco, sugando-lhe a medula dos ossos. Com a medula ela assa um bolo, que oferece ao jovem para a viagem. O cavalo enfraquece a ponto de morrer, mas o jovem dá-lhe o bolo para que coma, e com isso o cavalo recobra sua força anterior. O jovem consegue sair incólume da floresta, depois de ter saciado os lobos com os doze cordeiros. Ele vai buscar a princesa e ambos saem montados. O cavalo branco de três pernas chama novamente o caçador que imediatamente persegue os dois, conseguindo alcançá-los rapidamente, porque o cavalo branco de quatro pernas não quer correr. Quando o caçador se aproxima dele, o cavalo branco de quatro pernas brada para o de três pernas: "Irmãzinha, derruba-o!" O feiticeiro é derrubado e pisoteado pelos dois cavalos. O jovem coloca então a princesa no cavalo branco de três pernas e ambos cavalgam para o reino de seu pai, onde celebram seu casamento. O cavalo branco de quatro pernas pede ao jovem que decapite os dois cavalos, porque senão cairia sobre ele uma desgraça. Ao fazê-lo, os cavalos transformam-se em um príncipe imponente e uma princesa maravilhosa que depois de algum tempo se mudam "para seu próprio reino". Eles tinham sido transformados outrora em cavalos pelo caçador.

[425] Afora o simbolismo teriomórfico deste conto, o fato de a função do saber e da intuição ser representada por um cavalo é extremamente interessante. Assim se exprime que o espírito também pode ser uma propriedade. O cavalo branco de três pernas é propriedade do caçador demoníaco;

o de quatro pernas, porém, pertence inicialmente à bruxa. Aqui o espírito é, parcialmente, uma função, a qual, como qualquer outra coisa (cavalo), pode mudar de proprietário; parcialmente é sujeito autônomo (feiticeiro como proprietário do cavalo). Na medida em que o jovem ganha o cavalo branco de quatro pernas da bruxa, ele liberta um espírito ou um modo especial de pensar do domínio do inconsciente. A feiticeira significa aqui, como em outros lugares, uma *mater natura*, ou seja, o estado originário por assim dizer "matriarcal" do inconsciente, o que indica o estado psíquico no qual apenas uma consciência fraca e dependente se opõe ao inconsciente. O cavalo branco de quatro pernas mostra-se superior ao de três pernas, uma vez que pode comandá-lo. Como a quaternidade é um símbolo da totalidade e esta desempenha um papel importante no mundo imagístico do inconsciente[46], a vitória do cavalo de quatro pernas sobre o de três pernas não é algo inesperado. O que significa, porém, a oposição entre o três e o quatro ou, em outras palavras, o que significa o três em relação à totalidade? Na alquimia este problema chama-se o *axioma de Maria*, acompanhando esta filosofia por mais de mil anos, para ser retomada no *Fausto* (cena dos cabiros). Sua versão literária mais antiga encontra-se nas palavras introdutórias do *Timeu*[47], lembradas por Goethe. Podemos ver claramente nos alquimistas como à trindade divina corresponde um ternário ctônico (seme-

---

46. Tenho que remeter o leitor aos meus trabalhos mais antigos, no que diz respeito à quaternidade, principalmente a *Psicologia e religião* e *Psicologia e alquimia*.

47. A representação do problema mais antigo que conheço é a dos quatro filhos de Hórus: três deles são ocasionalmente representados com cabeça de animal e um com cabeça humana. Cronologicamente segue-se a visão das quatro figuras de *Ezequiel*, as quais são retomadas depois nos atributos dos quatro evangelistas. Como se sabe, a cabeça de três deles é teriomórfica e um deles, o anjo, tem cabeça humana.

lhante ao demônio de três cabeças em Dante). O ternário ctônico representa um princípio que revela em seu simbolismo uma afinidade com o mal, embora não se possa afirmar com certeza que ele expresse unicamente o mal. Tudo parece indicar que este último, ou o seu símbolo habitual, pertence à família das figuras que descrevem o obscuro, o noturno, o inferior, o ctônico. Neste simbolismo, o inferior guarda para com o superior uma relação de correspondência[48] dentro da oposição, ou melhor, é concebido como o superior, a modo de uma tríade. O três, sendo um número masculino, tem uma correlação lógica com o mau caçador, o qual pode ser entendido (alquimicamente) como a tríade inferior. O quatro, sendo um número feminino por sua vez, é atribuído à velha. Ambos os cavalos são animais maravilhosos, falantes e sábios, representando portanto o espírito inconsciente que, num caso, é atribuído ao feiticeiro mau e, no outro, à bruxa.

[426] Entre a tríade e o quatérnio há em primeiro lugar a oposição homem-mulher e além disso o quatérnio é um símbolo de totalidade ao passo que a tríade não o é. Esta última denota, segundo a alquimia, um estado de oposição, na medida em que uma tríade sempre pressupõe uma outra, tal como o superior pressupõe um inferior, o claro um escuro, o bom um mau. Energeticamente, a oposição significa um potencial, e onde há um potencial, há a possibilidade de um fluxo e de um acontecimento, pois a tensão dos opostos busca o equilíbrio. Quando imaginamos o quatérnio como um quadrado dividido em duas metades por uma diagonal, disso resultam dois triângulos cujos ápices apontam direções opostas. Poder-se-ia dizer metaforicamente: quando

48. Segundo a sentença da *Tabula Smaragdina*: "*Quod est inferius, est sicut quod est superius*" (O que está embaixo é igual ao que está em cima), p. 2.

dividimos a totalidade simbolizada pelo quatérnio em metades iguais obtemos duas tríades em oposição. Esta simples reflexão mostra que a tríade pode derivar do quatérnio, do mesmo modo que o caçador explica à princesa como o seu cavalo branco, o qual possuía quatro pernas, transformou-se num cavalo de três pernas, uma vez que os doze lobos lhe arrancaram um pé. A tripodidade do cavalo branco deve sua existência a um acidente, o qual ocorreu no momento em que o cavalo estava a ponto de abandonar o reino da mãe obscura. Em linguagem psicológica, isto significaria que quando a totalidade inconsciente se torna manifesta, isto é, abandona o inconsciente para entrar na esfera da consciência, um dos quatro fica para trás, retido pelo *horror vacui* do inconsciente. Assim surge uma tríade à qual corresponde uma tríade em oposição a ela[49], isto é, surge um conflito. Não é a partir do conto, mas da história do simbolismo que chegamos a esta constatação. Aqui também poderíamos perguntar com Sócrates: "Um, dois, três – mas querido Timeu, entre aqueles que ontem eram hóspedes e hoje são anfitriões, onde fica o quatro[50]?" Ele permaneceu no reino da mãe obscura, retido pela ambição lupina do inconsciente que nada quer deixar escapar de seu círculo mágico, a não ser em troca de um sacrifício.

[427] O caçador, isto é, o velho feiticeiro e a bruxa correspondem às *imagines negativas* dos pais no mundo mágico do inconsciente. O caçador aparece no conto inicialmente sob a forma de um corvo negro. Este roubara a princesa e a mantinha cativa, a qual o considera o "diabo". Mas, estra-

---

49. Cf. *Psicologia e alquimia*, fig. 54 [e § 539], mais detalhadamente em *O espírito Mercurius*.

50. [*Platons Dialoge Timaios und Kritias*, p. 29]. Esta passagem não esclarecida preferimos atribuir a uma provocação lúdica de Platão.

nhamente, ele mesmo está preso em um espaço proibido do castelo, pregado na parede com três pregos, o que equivale à *crucifixão*. Está preso como todo carcereiro e proscrito como os que amaldiçoam. A prisão de ambos é um castelo mágico, no cume de uma árvore gigante, certamente a árvore do mundo. A princesa pertence ao mundo superior e luminoso, perto do Sol. Sentada, em cativeiro, na árvore do mundo, ela deve ser um tipo de *anima mundi*, que caiu sob o poder da escuridão. A captura não parece ter-lhe feito bem, uma vez que o raptor foi crucificado com três pregos. A crucifixão significa obviamente um estado de perda de liberdade e suspensão dolorosíssima, castigo da audácia daquele que ousou penetrar na esfera do princípio oposto, como um Prometeu. É isso que fez o corvo idêntico ao caçador, pois roubara uma alma preciosa do mundo superior e luminoso, sendo por isso pregado no mundo superior, numa parede, como punição. O fato de tratar-se aqui de um reflexo invertido da imagem cristã primordial é incontestável. O salvador que libertou a alma da humanidade do domínio do príncipe deste mundo está pregado na cruz no mundo sublunar, embaixo, como o corvo larápio foi pregado na parede no cume celeste da árvore do mundo, devido à sua transgressão. O instrumento do anátema característico de nosso conto é a tríade de pregos. Não é dito no conto quem prendeu o corvo, mas parece que um anátema foi proferido contra ele em nome da trindade.

[428] O jovem herói, que escalou a árvore do mundo e entrou no castelo mágico de onde libertará a princesa, recebe a permissão para entrar em todos os quartos, exceto em um, que é justamente aquele em que se encontra o corvo[51]. Assim

51. No conto de Grimm (I, n. 55: Marienkind), encontra-se no cômodo proibido a "Trindade", o que me parece digno de nota.

como fora proibido de comer o fruto de uma única árvore do paraíso, assim também não deverá ser aberto um único quarto, mas é justamente neste que ele entrará. Nada excita mais a nossa curiosidade do que uma proibição. É seguramente este o caminho mais seguro para provocar uma desobediência. É claro que há uma intenção secreta atuante, não *tanto de libertar a princesa, mas o corvo*. Assim que o herói avista a ave, esta começa a gritar de fazer pena e a queixar-se de sede[52]. O rapaz, movido pela compaixão, alivia sua sede, não com o aspersório de vinagre, mas com água fresca; logo depois caem os três pregos e o corvo escapa pela janela aberta. Assim, o espírito mau recobra a liberdade, transformando-se no caçador que rapta a princesa pela segunda vez, trancando-a agora em sua cabana de caça instalada na terra. A intenção secreta desvela-se em parte: a princesa devia ser trazida do mundo superior para o mundo humano, o que era obviamente impossível sem a ajuda do espírito mau e da desobediência humana.

[429] Mas como no mundo humano o caçador de almas também domina a princesa, o herói terá que intervir novamen-

---

52. Aeliano (*De natura animalium*, 1,47) relata que Apolo condenou os corvos à sede, porque um corvo enviado para buscar água demorara demais. No folclore alemão diz-se que o corvo teria que sofrer sede no mês improdutivo, ou seja, em agosto. O motivo que se alega é ele ter sido o único a não se entristecer com a morte de Cristo, ou então por não ter voltado quando Noé o enviou (PANZER. *Zeitschrift für deutsche Mythologie* II, p. 171, e KÖHLER. *Kleinere Schriften zur Märchenforschung* I, 3). Quanto ao corvo, como alegoria do mal, cf. a apresentação exaustiva de RAHNER. *Erdgeist und Himmelsgeist in der patristischen Theologie*. Por outro lado, o corvo está numa relação próxima a Apolo, enquanto animal a ele consagrado; do mesmo modo, aparece na Bíblia com significado positivo (Sl 147,9): "que dá alimento aos animais, aos filhotes dos corvos, o que pedem". Jó 38,41: "Quem prepara alimento para o corvo, quando os seus filhotes gritam a Deus e se debatem por falta de comida?" De modo semelhante, eles aparecem como "espíritos solícitos" em Lc 12,24; e 1Rs 17,6 onde trazem a Elias o pão de cada dia.

te, na medida em que surrupia o cavalo de quatro pernas da bruxa, conforme vimos, quebrando assim o poder de três pernas do feiticeiro. A tríade é que exorciza o corvo e ao mesmo tempo é o poder do espírito mau. São estas as duas tríades que apontam direções opostas.

[430] Num domínio completamente diverso, isto é, no da experiência psicológica, sabemos que três das quatro funções da consciência se diferenciam, isto é, podem tornar-se conscientes; uma, porém, permanece ligada ao solo materno, o inconsciente, sendo denominada a função (inferior). Constitui o calcanhar de Aquiles da consciência do herói. Em algum lugar, o forte é fraco, o inteligente tolo, o bom mau etc. E o inverso também é verdadeiro. Segundo o nosso conto, a tríade aparece como um quatérnio aleijado. Se pudéssemos juntar a perna que falta às três existentes, obteríamos a totalidade. O enigmático *Axioma de Maria* diz: "do terceiro surge o um 'como' o quarto" (ἐκ τοῦ τρίτου τὸ ἓν τέτραρτον), o que deve significar: quando o terceiro produz o quarto, nasce ao mesmo tempo a unidade. A parte que foi perdida, a qual se encontra em poder dos lobos da grande mãe, é apenas um quarto, mas com os outros três forma aquela totalidade que suprime a separação e o conflito.

[431] O que, porém, segundo a simbólica, faz de um quarto uma tríade? Neste ponto o simbolismo da história não nos esclarece e somos obrigados a recorrer aos fatos da psicologia. Como disse acima, três funções podem ser diferenciadas, e apenas uma permanece no exílio do inconsciente. Tal constatação carece de maior precisão. Empiricamente, a diferenciação é apenas bem-sucedida em *uma* função e por isso ela é designada função superior ou principal e juntamente com a extroversão e a introversão constitui o tipo de atitude consciente. A esta função associam-se uma ou duas funções auxiliares mais ou menos diferenciadas, as quais

quase nunca alcançam o mesmo grau de diferenciação, isto é, de poderem ser usadas voluntariamente. Por esse motivo essas funções auxiliares possuem uma espontaneidade maior do que a da função principal, a qual é altamente confiável e se adapta à nossa intenção. A quarta função, inferior, por outro lado, é inacessível à nossa vontade. Ora ela aparece como um duende brincalhão que atrapalha, ora como *deus ex machina*. Sempre, porém, esta última função vai e vem *sua sponte* (segundo sua vontade). Podemos deduzir desta exposição que até as funções diferenciadas se libertam só em parte de seu enraizamento no inconsciente; por outro lado, estão atoladas nele, e assim operam sob o seu domínio. Às três funções diferenciadas que estão à disposição do eu correspondem três partes inconscientes, que ainda não se despegaram do inconsciente[53]. Assim como as três funções diferenciadas conscientes se confrontam com uma quarta função indiferenciada, como fator de perturbação mais ou menos desagradável, assim a função superior parece ser o pior dos inimigos em relação ao inconsciente. Não podemos deixar de mencionar uma sutileza especial: assim como o diabo gosta de disfarçar-se em anjo de luz, a função inferior influencia de modo secreto, insidioso e preponderante a função superior, tal como esta reprime aquela na mesma medida[54].

[432] Tais exposições um tanto abstratas são necessárias para esclarecer um pouco as associações ardilosas e alusivas do nosso conto "simples e infantil". As duas tríades opostas, a primeira que exila o mal e a segunda que representa o seu

53. Num conto de fadas nórdico [Noruega, n. 24: *Die drei Prinzessinnen im Weissland*], representadas por três princesas a serem salvas, por estarem enterradas até o pescoço.

54. Quanto à teoria das funções cf. *Tipos psicológicos*.

poder, correspondem por assim dizer exatamente à estrutura funcional da nossa psique consciente e inconsciente. O conto, sendo um produto espontâneo, ingênuo, irrefletido da alma, só pode expressar aquilo que é próprio da alma. Por isso, não é só o nosso conto que representa essas condições psíquicas espirituais, mas inúmeros outros contos de fadas[55] fazem o mesmo.

[433] O conto em questão revela com rara clareza, por um lado, todo o caráter antitético do arquétipo do espírito e, por outro, a combinação confusa das antinomias, visando a grande meta de uma consciência mais elevada. O jovem guardador de porcos que, a partir do baixo nível animal, escala a gigantesca árvore do mundo e descobre lá no topo do mundo superior da luz sua anima virgem, a princesa de alta estirpe, simboliza a ascensão da consciência de territórios quase animalescos a um ponto elevado de onde se descortina um vasto panorama e representa de modo apropriado a ampliação do horizonte da consciência[56]. Assim que a consciência masculina alcança estas alturas, sua parte feminina correspondente, a anima, vai ao seu encontro[57]. Esta é uma personificação do inconsciente. O encontro mostra como é inadequado chamar o inconsciente de "subconsciente". O inconsciente não está apenas "debaixo da consciência", mas também acima, e de tal modo que o herói deverá subir com o maior esforço até alcançá-lo. Este inconsciente "superior"

---

55. Para o leigo neste assunto, quero acrescentar aqui que a teoria da estrutura da psique não foi derivada de contos de fada e de mitos, mas se baseia em experiências e observações da pesquisa médico-psicológica e que só secundariamente foi feita sua constatação pela investigação comparativa dos símbolos em áreas que o médico num primeiro momento desconhece.

56. Trata-se de uma típica enantiodromia: por este caminho não podemos subir mais, pois devemos também realizar o outro lado do nosso ser, descendo.

57. O rapaz interroga-se ao ver a grande árvore: "Como será o mundo se o olhares do seu cume!"

não é de modo algum uma "supraconsciência", no sentido de que qualquer um que o alcançasse, como o nosso herói, ficaria tão acima do "subconsciente" quanto acima da superfície da Terra. Pelo contrário, ele faz a desagradável descoberta de que sua anima elevada e luminosa, a princesa-alma está enfeitiçada lá no alto e tão carente de liberdade como um pássaro em uma gaiola dourada. O herói pode orgulhar-se de haver progredido a partir dos vales de uma apatia animal; mas sua alma está em poder de um espírito mau, de uma *imago* paterna tenebrosa de tipo infernal, sob a figura de um corvo, conhecida representação teriomórfica do diabo. De que lhe servem a altura e o vasto horizonte, se sua amada alma sofre no cativeiro? Sim, ela até participa do jogo do submundo e pretende aparentemente impedir o jovem de descobrir o segredo do seu cativeiro, ao proibi-lo de entrar num determinado quarto. Secretamente, porém, ela o induz, por causa da proibição, a fazer o que é proibido. É como se o inconsciente tivesse duas mãos, uma das quais sempre faz o contrário da outra. A princesa quer – e não quer – ser libertada. O espírito mau, no entanto, preparou aparentemente uma armadilha para si mesmo: ele queria raptar uma bela alma do luminoso mundo superior, o que, como ser alado, poderia fazer, mas não havia contado com o fato de que com isso ele também ficaria exilado no mundo superior. Ele é certamente um espírito das trevas, mas sente saudades da luz. Esta é a sua justificativa secreta, tal como o exílio é o castigo da transgressão. Enquanto o espírito mau está preso no mundo superior, a princesa não pode descer até à terra, e o herói desaparece no paraíso. Então, comete o pecado da desobediência, possibilitando assim a fuga do ladrão, o que provoca um segundo rapto da princesa, e assim toda uma série de calamidades. O resultado, porém, é a descida da princesa para a terra e o corvo diabólico assume a forma humana do caçador. Assim, a anima luminosa do mundo superior aproxima-se da esfera humana, tal como o princípio do mal: ambos são trazidos à pequenez humana e desse modo tornam-se acessíveis. O cavalo de três pernas, onisciente, do caçador representa o poder deste último. Corresponde aos componentes inconscientes das funções diferenciáveis[58]. O caçador, no entanto, personifica a função inferior, a qual também se manifesta no herói sob a forma de curiosidade e iniciativa. No decorrer da história, o herói vai se assemelhando ao caçador: assim como este obtém seu cavalo da bruxa, o herói também o consegue. No entanto, ao contrário deste, o caçador esqueceu de levar os doze cordeiros para alimentar os doze lobos, os quais comeram uma das pernas do cavalo. Ele esqueceu-se de pagar o tributo aos poderes ctônicos, por ser nada mais nada menos do que um ladrão. Devido a esta omissão, o herói aprende que o inconsciente deixa partir suas criaturas somente em troca de um sacrifício[59]. O número doze é provavelmente um símbolo do tempo com o significado secundário de doze trabalhos (ἆθλα)[60], que devem ser realizados como um tributo ao inconsciente antes que possamos libertá-lo[61]. O caçador

58. A onisciência dos componentes inconscientes das funções é naturalmente um exagero. Na realidade esses componentes dispõem de – ou melhor, são influenciados por – percepções e memórias subliminares, assim como pelos conteúdos instintivos, arquetípicos do inconsciente. São estes que passam informações de inesperada precisão às atividades inconscientes.

59. O caçador fez sua conta sem a participação do dono da hospedaria, como em geral acontece. Raramente ou nunca pensamos nos custos, provenientes da atividade do espírito.

60. Cf. o mito de Héracles.

61. Os alquimistas enfatizam a longa duração da obra e falam da "longuíssima via", da "*diuturnitas immensae meditationis*" [caminho muito longo – da poderosa meditação] etc. O número doze poderia estar ligado ao ano eclesiástico, em que transcorre a obra de salvação de Cristo. O sacrifício do cordeiro deve provir da mesma fonte.

reaparece como uma tentativa prévia fracassada do herói de entrar em posse de sua alma, através do roubo e da violência. A conquista da alma porém é, na realidade, uma *opus* de paciência, de abnegação e entrega. Na medida em que o herói consegue apropriar-se do cavalo de quatro pernas, ele ocupa o lugar do caçador e obtém a princesa. O quatérnio demonstra em nosso conto o alcance de seu poder, por integrar em sua totalidade aquela parte que ainda lhe faltava.

[434] O arquétipo do espírito neste conto – diga-se de passagem – não é de modo algum primitivo, e expresso teriomorficamente representa um sistema de três funções, subordinado a uma unidade, o espírito mau, tal como uma instância anônima que crucificou o corvo mediante uma tríade de pregos. A unidade supraordenada corresponde, no primeiro caso, à função inferior, isto é, ao caçador, como adversário inconsciente da função principal; no segundo caso (a unidade) corresponde à função principal, isto é, ao herói. Herói e caçador assimilam-se finalmente de modo que a função do segundo floresce no primeiro. Sim, o próprio herói desde o início está latente no caçador, impelindo-o a realizar o rapto da alma com todos os meios imorais que possui, a fim de jogá-la pouco a pouco nas mãos do primeiro, contra a sua vontade (do caçador). Na superfície reina um combate furioso entre ambos, mas no fundo um e outro se aliam. A solução do nó ocorre quando o herói consegue capturar o quatérnio, o que corresponde, em linguagem psicológica, a acolher a função inferior no sistema ternário. Assim o conflito termina de um golpe e a figura do caçador volatiliza-se no nada. Após essa vitória, o herói, montado no cavalo de quatro pernas, faz a sua princesa montar no cavalo de três pernas e juntos cavalgam para o reino de seu pai. Ela dirige e personifica de agora em diante aquela região do espírito que antes servia ao mau caçador.

A anima é e permanece a representante daquela parte do inconsciente que jamais poderá ser integrada em uma totalidade humanamente atingível.

[435] Só depois de concluir o manuscrito um amigo chamou a minha atenção para uma variante russa do nosso conto. Seu título é: *Maria Morewna*[62]. O herói da história não é um guardador de porcos, mas Ivan Czarevitch. Uma explicação interessante é oferecida no tocante aos três animais auxiliares: eles correspondem às três irmãs de Ivan e seus maridos que, na realidade, são pássaros. As três irmãs representam uma tríade inconsciente de funções relacionadas com o reino animal e espiritual. Os homens-pássaros são um tipo de anjo que ressalta a natureza auxiliar das funções inconscientes. Na história, estas intervêm, salvíficas, no momento crítico em que o herói (à diferença da variante alemã) cai sob o poder do espírito mau e é por ele morto e desmembrado (um típico destino do homem-deus!)[63]. O espírito mau é um ancião frequentemente representado nu e se chama Koschei, o imortal[64]. A bruxa que lhe corresponde é a conhecida Baba-Yaga. Os três animais auxiliares da variante alemã são duplicados aqui, primeiro os homens-pássaros, e em seguida o leão, o pássaro estranho e as abelhas. Neste conto, a princesa é a rainha Maria Morewna, uma grande senhora dos exércitos (Maria, a rainha do céu, é louvada num hino russo ortodoxo como "Senhora dos Exércitos"!), a qual mantém acorrentado em seu castelo com doze correntes, no quarto proibido, o espírito mau. Quando Ivan mata a sede do Velho, este rapta a rainha.

---

62. Filha do mar. [AFANA'SEV. *Russian Fairy Tales*, p. 553s.]

63. O velho coloca o cadáver cortado em pedaços num tonel, que ele atira no mar, o que lembra o destino de Osíris (cabeça e falo!).

64. De *kosth* = osso, e *pakosth, kaposth* = nojento, sujo.

Os cavalos mágicos, no final, não se transformam em seres humanos. O conto russo tem um caráter manifestamente mais primitivo.

5. Anexo

[436] Os comentários seguintes não reclamam interesses mais amplos, uma vez que são essencialmente técnicos. Nesta nova edição eu pretendia excluí-los, mas mudei de ideia e resolvi anexá-los. O leitor que não tiver interesse especial pela psicologia pode omiti-los tranquilamente. No que se segue, tratei do problema aparentemente abstruso da condição das três ou quatro pernas do cavalo e fazendo-o apresentei minhas interpretações de tal modo que o método usado se torna evidente. Este raciocínio psicológico repousa, por um lado, nos dados irracionais da matéria, ou seja, do conto, mito ou sonho e, por outro lado, na conscientização das relações racionais "latentes" que esses dados têm entre si. O fato dessas relações existirem é, de início, uma hipótese, como por exemplo a que afirma terem os sonhos um sentido. A verdade desta suposição não é estabelecida *a priori*. Sua utilidade só se verifica através da aplicação. Por isso temos que esperar para ver se a sua aplicação metódica ao material irracional possibilita uma interpretação razoável. Tal aplicação consiste na abordagem do material como se este tivesse um significado interno coerente. A maioria dos dados requer uma certa amplificação, isto é, um esclarecimento, uma generalização e uma aproximação de um conceito mais ou menos geral, de acordo com a regra de Cardan. Assim, por exemplo, para o reconhecimento da "tripodidade", ela deve ser separada inicialmente do cavalo e depois aproximada de seu próprio princípio, ou seja, a tríade. A "quadripodidade" mencionada no conto, ao ser

elevada ao nível de conceito geral, entra também em relação com a tríade, disso resultando o enigma de *Timeu*, ou seja, o problema de três e de quatro. Tríade e tétrade representam estruturas arquetípicas que desempenham um papel importante no simbolismo em geral, bem como na investigação dos mitos e sonhos. A elevação do dado irracional (isto é, da "tripodidade" e da "quadripodidade") em nível de um conceito geral, faz aparecer o significado universal do tema e encoraja a mente indagadora a estudar seriamente o argumento. Esta tarefa envolve uma série de reflexões e deduções de natureza técnica que não pretendo ocultar ao leitor interessado em psicologia e, em especial, ao profissional, uma vez que este trabalho intelectual representa uma solução típica da questão simbólica, sendo indispensável a compreensão dos produtos do inconsciente. Só deste modo o sentido das conexões inconscientes pode ser elaborado a partir delas mesmas, contrariamente àquelas interpretações dedutivas, derivadas de uma teoria preconcebida, como por exemplo as baseadas na astronomia, na meteorologia mitológica e enfim nas teorias sexuais.

[437] Os cavalos trípode e quadrípode constituem na realidade uma questão misteriosa que merece uma investigação mais acurada. O três e o quatro lembram não apenas o dilema da teoria das funções psicológicas, mas também o axioma de Maria Profetisa, que ocupa um lugar importante na alquimia. Por isso, valeria a pena examinar mais de perto o significado dos dois cavalos miraculosos.

[438] O que me parece digno de atenção é o fato de o cavalo de três pernas ser destinado, por um lado, à montaria da princesa e, por outro, ser ao mesmo tempo uma égua e uma princesa enfeitiçada. A tríade liga-se aqui inequivocamente à feminilidade, ao passo que, do ponto de vista religioso dominante da consciência, ela é uma questão

especialmente masculina, sem considerar o fato de que o três, como número ímpar, é de qualquer modo masculino. Poderíamos traduzir, portanto, a tríade diretamente como "masculinidade", o que é mais significativo ainda na triunidade do Deus-Kamutef[65] – faraó do Antigo Egito.

[439] A tripodidade como atributo de um animal significa uma masculinidade inconsciente ligada ao ser feminino. Na mulher verdadeira corresponderia ao animus, o qual, tal como o cavalo mágico, representa o espírito. No caso da anima, no entanto, a tríade não coincide com nenhuma ideia cristã da Trindade, mas sim com o "triângulo inferior", a tríade inferior de funções que constitui a "sombra". A metade inferior da personalidade é, em sua maior parte, inconsciente. Ela não significa todo o inconsciente, mas apenas o segmento pessoal do mesmo. A anima, por sua vez, na medida em que se distingue da sombra, personifica o inconsciente coletivo. O fato de a tríade ser-lhe atribuída como montaria significa que ela "monta" na sombra, isto é, se relaciona com esta última como *mare*[66]. Neste caso, ela é possuidora da sombra. Se, porém, ela mesma for o cavalo, perde sua posição dominante como personificação do inconsciente coletivo, e, como montaria, ela é "montada", isto é, possuída pela princesa A, esposa do herói. Como princesa B, diz acertadamente a lenda, ela foi encantada sob a forma do cavalo trípode. Esta história um tanto confusa pode ser solucionada da seguinte maneira:

[440] 1. A princesa A é a anima[67] do herói. Ela monta, possui o cavalo trípode, a sombra, isto é, a tríade inferior de fun-

---

65. Kamutef significa "Touro de sua mãe". Cf. JACOBSOHN. *Die dogmatische Stellung des Königs in der Theologie der alten Ägypter*, p. 17, 35 e 41s.

66. Cf. *Símbolos da transformação* [§ 370s. e 658s.].

67. O que prova que ela não é uma jovem comum, mas uma pessoa da realeza e, mais ainda, *electa* (eleita) do espírito mau, prova que sua natureza

ções de seu futuro esposo. Dito de modo mais simples, isto significa que ela apreendeu a metade inferior da personalidade do herói, apanhou-o por seu lado fraco, o que acontece frequentemente na vida comum, pois onde somos fracos precisamos de apoio e complementação. A mulher ocupa seu lugar correto no lado fraco do homem. Teríamos que formular a situação deste modo se considerássemos o herói e a princesa A como duas pessoas comuns. Mas como a história é lendária e se desenrola principalmente no mundo mágico, a interpretação da princesa como anima do herói parece a mais adequada. Neste caso, o herói livrou-se do mundo profano através de seu encontro com a anima, tal como Merlin através de sua fada: como homem comum ele é alguém envolvido num sonho maravilhoso, enxergando o mundo apenas através de uma névoa.

2. A questão aqui se complica consideravelmente pelo fato inesperado de o cavalo de três pernas ser fêmea, isto é, representar um equivalente da princesa A. É a princesa B. Esta corresponderia em sua forma equina à sombra da princesa A (portanto, à sua tríade inferior de funções). A princesa B diferencia-se, porém, da princesa A, pelo fato de não montar o cavalo como esta última, estando contida e enfeitiçada nele, e assim colocada sob o domínio de uma tríade masculina. Assim sendo, ela é possuída por uma sombra. [441]

3. A questão agora é saber que sombra a possui. Não pode ser a do herói, pois sua anima já se apoderou dele. O conto responde-nos que é o caçador, ou seja, o mágico que a enfeitiçou. Como vimos, o caçador está de certa forma conectado com o herói, uma vez que este último pouco a pouco se coloca no lugar do primeiro. Poderíamos chegar [442]

não é humana, mas sim mitológica. Pressuponho que o conceito de anima já seja conhecido.

a supor que o caçador, no fundo, nada mais é do que a sombra do herói. Esta concepção é contrariada, porém, pelo fato de o caçador representar um poder significativo, que se estende não só à anima do herói, mas, muito além, ao par régio de irmão-irmã, de cuja existência o herói e sua anima não têm a menor noção; inclusive no conto, este par aparece repentinamente. O poder que vai além do âmbito de um indivíduo tem um caráter supraindividual e por isso não pode ser identificado com a sombra, na medida em que a conhecemos e definimos como a metade escura da personalidade individual. Como fator supraindividual, o nume do caçador é aquela dominante do inconsciente coletivo que, graças às suas características de caçador, feiticeiro, corvo, cavalo mágico, de crucifixão ou suspensão no topo da árvore do mundo[68], tocam a alma germânica de um modo especial. O reflexo no mar do inconsciente, da visão cristã do mundo, assume naturalmente os traços de Wotan[69]. Na figura do caçador deparamos com a *imago dei*, uma imagem de Deus, pois Wotan também é um deus do vento e do espírito, razão pela qual os romanos o interpretavam adequadamente como mercúrio.

[443] 4. O príncipe e sua irmã, a princesa B, foram tomados pelo deus pagão e transformados em cavalos, isto é, regrediram até a esfera animal. Esta corresponde ao inconsciente.

---

68. Sei que fiquei suspenso nove noites eternas na frágil árvore, ferido pela espada, consagrado a Wotan: consagrei-me a mim mesmo naquela árvore, que a todos esconde, lá onde crescem as raízes. "Wodans Runenkunde" (Hâvamâl, verso 139) in: *Die Edda.*

69. Cf. a vivência divina descrita por Nietzsche na "Lamentação de Ariane":
apenas tua caça eu sou,
cruel caçador!
tua mais orgulhosa prisioneira,
ladrão detrás das nuvens...
Poesia: *Dionysos – Dithyramben* (Obras VIII, p. 423).

Na figura humana que lhes é própria, ambos pertenciam antes ao reino do consciente coletivo. Mas quem são eles?

[444] Para responder a essa pergunta devemos partir do fato de que ambos correspondem indubitavelmente ao herói e à princesa A. O príncipe e sua irmã estão conectados com o herói e a princesa A, pelo fato de lhe servirem de montaria, manifestando-se, portanto, como a sua metade animal inferior. O animal, devido à sua quase completa inconsciência, sempre foi o símbolo da esfera psíquica humana, oculta na obscuridade da vida corporal instintiva. O herói monta o garanhão, que é caracterizado pelo número par (quatro = feminino); a princesa A monta a égua que só tem três pernas (portanto, um número masculino). Estes números revelam que com a transformação em animais também ocorreu uma certa modificação de caráter sexual: o garanhão tem um atributo feminino, e a égua um atributo masculino. Este fato é constatado pela psicologia: na mesma medida em que um homem é dominado pelo inconsciente (coletivo), sua esfera do instinto torna-se menos inibida, e também se manifesta um certo caráter feminino, que eu chamei de *anima*. Por outro lado, se uma mulher é subjugada pelo inconsciente, emerge o lado mais escuro de sua natureza feminina, ligado a traços fortemente masculinos. Estes são compreendidos pelo conceito de *animus*[70].

[445] 5. Segundo o conto, porém, a forma teriomórfica do par irmão-irmã é imprópria e deve sua existência à atuação mágica do deus-caçador pagão. Se fossem apenas animais, poderíamos contentar-nos com a interpretação acima, mas negligenciaríamos assim a estranha alusão à mudança do caráter sexual, o que não se justifica. O cavalo branco, porém, não é um cavalo comum, mas um animal mágico, de

70. Cf. JUNG, E. *Ein Beitrag zum Problem des Animus.*

qualidades sobrenaturais. Por isso, a figura humana da qual surgiu o animal, mediante o feitiço, também deve ter em si um caráter de sobrenaturalidade. O conto, porém, não faz qualquer comentário a respeito. Se a nossa suposição for correta, de que a forma teriomórfica dos dois corresponde ao componente subumano do herói e da princesa, disso resulta que a forma humana equivale a um componente sobre-humano da mesma. A qualidade sobre-humana do guardador de porcos originário manifesta-se pelo fato de ele tornar-se um herói, isto é, quase um semideus, na medida em que não fica com a manada, mas sobe pela árvore da vida onde é feito prisioneiro, a modo de um Wotan. Da mesma forma, ele não poderia igualar-se ao caçador se, como vimos, não tivesse alguma semelhança com o mesmo. De modo semelhante, a prisão da princesa no cume da árvore da vida significa uma certa predestinação, na medida em que ela deita na mesma cama que o caçador, conforme relata o conto, e é até a noiva do deus.

[446] Os poderes extraordinários do heroísmo e da predestinação que se aproximam do sobrenatural são os que envolvem dois seres humanos comuns em um destino sobre-humano. No âmbito profano, um guardador de porcos torna-se então um rei e a princesa recebe um marido que lhe agrada. Como no conto não há apenas um mundo profano, mas também um mundo mágico, o destino humano não é a última palavra. Por isso no conto não se omite a alusão ao que ocorre no mundo mágico. Neste, um príncipe e uma princesa caíram igualmente sob o poder de um espírito mau, o qual se encontra em uma situação periclitante, da qual não consegue sair sem ajuda estranha. Assim sendo, o destino humano que cabe ao jovem guardador de porcos e à princesa A é posto em paralelo com o mundo mágico. Na

medida em que o caçador se eleva a modo de uma imagem divina pagã acima do mundo dos heróis e dos preferidos dos deuses, o paralelismo ultrapassa o simplesmente mágico, alcançando um domínio divino e espiritual, onde o espírito mau, o diabo, ou, pelo menos, *um* diabo, cai sob o poder de um princípio oposto, tão ou mais forte, indicado pelos três pregos. Esta suprema tensão entre opostos, que dá início a todo o drama, é obviamente o conflito entre a tríade superior e a inferior ou, em termos metafísicos, entre o Deus cristão por um lado e o demônio, que assumiu os traços de Wotan[71].

[447] 6. Temos que partir, ao que parece, dessa mais alta instância, se quisermos compreender o conto corretamente, pois o fundamento primeiro do drama consiste na transgressão do espírito mau que tudo precedeu. A consequência seguinte é sua crucifixão. Em sua situação de tormento ele necessita a ajuda de outros, a qual, não podendo vir de cima, só pode ser invocada no âmbito inferior. Um jovem guardador de porcos possui um espírito curioso e aventureiro, tão ousado quanto infantil para subir na árvore do mundo. Se tivesse caído e quebrado todos os ossos, as pessoas diriam com certeza: que espírito mau lhe deu essa ideia insana de subir justamente numa árvore gigante como essa? Na realidade não se enganariam completamente, pois era disso que o mau espírito estava precisando. A prisão da princesa A fora uma transgressão no mundo profano, e o enfeitiçamento – como podemos presumir – do par irmão-irmã semidivinos o fora igualmente no mundo mágico. É possível que esse sacrilégio tenha sido anterior ao enfeitiçamento da princesa A. Em todo caso, ambos os episódios indicam

71. A respeito da trindade de Wotan, cf. NINCK. *Wodan und germanischer Schicksalsglaube*, p. 142s.

uma transgressão do espírito mau, tanto no mundo mágico quanto no profano.

[448] Deve haver seguramente um sentido mais profundo no fato de o libertador ou salvador ser um guardador de porcos, tal como o filho pródigo. Ele provém do nível mais baixo e tem isso em comum com a estranha ideia do redentor segundo os alquimistas. Seu primeiro ato é libertar o espírito mau da punição divina que lhe fora infligida. Deste ato, enquanto primeiro estado da *lysis*, se desencadeia o enredo dramático geral.

[449] 7. A moral desta história é de fato extremamente singular. O final satisfaz na medida em que o pastor e a princesa A celebram seu casamento, tornando-se um par régio. O príncipe e a princesa B também celebram suas bodas, mas segundo a prerrogativa arcaica dos reis, como incesto, o que suscita algum escândalo, devendo, no entanto, ser considerado como um costume próprio do círculo dos semideuses[72]. Mas o que acontece, porém, com o mau espírito, cuja libertação do castigo justo põe todo o drama em movimento? O caçador mau é pisado pelos cavalos, o que talvez não lhe cause um dano permanente. Na aparência ele desaparece sem deixar vestígios; mas só na aparência, porque apesar de tudo ele deixa um rastro atrás de si, ou seja, uma felicidade conseguida a duras penas, tanto no mundo profano como no mágico. O quatérnio, representado pelo guardador de porcos e pela princesa A, por um lado, e pelo príncipe e a princesa B, por outro, uniu-se ligando-se pelo menos a meias: agora há dois casais que se defrontam, paralelos, mas sepa-

---

72. O fato de tratar-se aqui de um par irmão-irmã é uma suposição que se apoia no fato de o cavalo macho dirigir-se à égua como "irmãzinha". Pode ser um simples modo de falar, mas, por outro lado, "irmãzinha" pode estar se referindo à irmã, independentemente de ela o ser ou não. Além disso, o incesto ocupa um lugar significativo na mitologia bem como na alquimia.

rados aliás na medida em que um deles pertence ao mundo profano e o outro ao mundo mágico. Apesar dessa divisão óbvia há relações psicológicas secretas entre ambos, como vimos, que nos permitem derivar um par do outro.

[450] No tocante ao espírito do conto, que inicia seu drama no ponto mais alto, diríamos que o mundo dos semideuses procede do mundo profano e de certa forma o produz a partir de si, tal como o primeiro procede do mundo dos deuses. Assim concebidos, o guardador de porcos e a princesa A significam apenas simulacros do príncipe e da princesa B, os quais por sua vez seriam derivados de protótipos divinos. Não esqueçamos que a bruxa, criadora de cavalos, pertence ao caçador, como sua contraparte feminina, algo como uma antiga Epona (a deusa celta dos cavalos). Infelizmente não é dito como aconteceu o enfeitiçamento (de seres humanos) em cavalos. A mão da bruxa, porém, estava nesse enredo, pois os dois cavalos brancos provêm de seu estábulo, sendo portanto, de certo modo, produções suas. O caçador e a bruxa formam um par, que é o reflexo de um casal divino de pai e mãe na parte ctônica noturna do mundo mágico. O par divino facilmente pode ser reconhecido na ideia central cristã de *sponsus et sponsa*, Cristo e sua noiva, a Igreja.

[451] Se quiséssemos explicar o conto do ponto de vista pessoal, tal tentativa se frustraria pelo fato de os arquétipos não serem invenções arbitrárias, mas elementos autônomos da psique inconsciente, anteriores a qualquer invenção. Eles representam a estrutura inalterável de um mundo psíquico, o qual mostra que é "real" mediante seus efeitos determinantes sobre a consciência. Assim sendo, é uma realidade psíquica significativa que ao par humano[73] corresponda um outro par no inconsciente, sendo que este último só é apa-

73. Na medida em que a anima é substituída por uma pessoa humana.

rentemente um reflexo do primeiro. O par régio tem na realidade uma existência *a priori* sempre e em toda parte. Por este motivo, o par humano significa uma concretização individual espaçotemporal da imagem primordial eterna, pelo menos em sua estrutura espiritual impressa no *continuum* biológico.

[452] Poderíamos dizer que o guardador de porcos representa este homem animal ao qual se associa uma parceira em algum lugar do mundo superior. Por sua estirpe régia, ela prova sua conexão com o par semidivino existente *a priori*. Observado deste ponto de vista, este último representa tudo aquilo em que o homem pode transformar-se, caso ele suba o suficiente na árvore do mundo[74]. Na mesma medida em que o jovem guardador de porcos se apropria de sua metade feminina de alta linhagem, ele também se aproxima do par semidivino, elevando-se à esfera da realeza, isto é, da validade universal. Encontramos o mesmo tema naquele entreato do *Chymische Hochzeit* (casamento químico) de Christian Rosencreutz: o filho do rei deve libertar primeiro sua noiva régia do poder de um mouro, ao qual ela se ligara de livre e espontânea vontade como concubina. O mouro representa aqui a *nigredo* alquímica, na qual está oculta a substância arcana; este pensamento constitui um outro paralelo de nosso mitologema; isto significa, em linguagem psicológica, uma outra variante deste arquétipo.

[453] Tal como na alquimia, o nosso conto também descreve aqueles processos inconscientes que compensam a situação da consciência cristã. Ele relata a atuação de um espírito, o qual leva os pensamentos cristãos além dos elementos colo-

---

74. A grande árvore corresponde à *arbor philosophica* da alquimia. O encontro do homem terrestre com a anima que desce do cume sob a forma de melusina é representado por exemplo na Ripley Scroll. Cf. *Psicologia e alquimia*, fig. 257.

cados pela concepção eclesiástica, buscando uma resposta a questões que nem a Idade Média, nem a nossa era foram capazes de responder. Não é difícil ver que na imagem do segundo par régio há uma correspondência à ideia eclesiástica de noivo e noiva, e na imagem do caçador e da bruxa há uma distorção do pensamento cristão rumo a um wotanismo inconsciente atávico. O fato de tratar-se de um conto alemão torna o caso particularmente interessante, na medida em que o mesmo wotanismo foi o padrinho psicológico do nacional-socialismo[75]. Este trouxe claramente aos olhos do mundo a distorção para o ponto mais baixo. Por outro lado, o conto mostra que o homem só pode conseguir a totalidade, num sentido de inteireza, através da inclusão do espírito sombrio, e que este último até mesmo representa uma *causa instrumentalis* da individuação salvífica. Numa completa inversão desta meta do desenvolvimento espiritual a que aspira não só a natureza, mas também prefigura a doutrina cristã, o nacional-socialismo destruiu a autonomia moral do homem e erigiu o absurdo totalitarismo do Estado. O conto, no entanto, mostra como proceder se quisermos superar o poder do espírito sombrio: devemos utilizar os seus métodos contra ele mesmo; o que naturalmente não pode ocorrer se o submundo mágico do caçador tenebroso permanecer inconsciente e os homens mais eminentes da nação preferirem pregar suas teorias e dogmas, em vez de considerar corajosamente a alma humana.

6. Conclusão

[454] Se considerarmos o espírito em sua forma arquetípica, tal como ele se nos apresenta no conto e nos sonhos, defron-

75. Cf. *Aufsätze zur Zeitgeschichte* [em especial *Wotan* e *Nach der Katastrophe*] de minha autoria.

tar-nos-emos com uma imagem que difere estranhamente da ideia consciente do espírito, o qual se afigura cindido em tantos significados diferentes. O espírito é originariamente um espírito em forma de pessoa humana ou de animal, um *daimonion* que se defronta com o ser humano. O nosso material, porém, já acusa traços da ampliação da consciência, a qual pouco a pouco começa a ocupar aquele território originalmente inconsciente, transformando parcialmente os *daimonia* em atos voluntários. O ser humano conquista não só a natureza como também o espírito sem dar-se conta do que está fazendo. Para a mente iluminada, parece tratar-se da correção de um equívoco o fato de reconhecer que aquilo que antes era considerado como sendo espíritos, na realidade é o espírito humano, isto é, seu próprio espírito. Todo o sobre-humano, tanto no bem como no mal, que os antigos afirmavam acerca dos *daimonia* a modo de um exagero, é reduzido à sua medida "sensata" e assim tudo parece estar na mais perfeita ordem. Será, no entanto, que as convicções unânimes do passado eram verdadeiramente apenas exageros? Se não o fossem, a integração do espírito humano nada mais significaria do que uma demonização do mesmo, na medida em que forças espirituais sobre-humanas, outrora atadas na natureza, são integradas no ser humano, conferindo-lhe um poder, o qual transpõe os limites do ser humano, do modo mais perigoso, para o indeterminado. Devo formular a seguinte pergunta ao racionalista esclarecido: será que a sua redução sensata conduziu a um domínio benéfico da matéria e do espírito? Orgulhosamente ele apontará os progressos da física e da medicina, a libertação do espírito da estupidez medieval e, como cristão bem-intencionado, a libertação do medo dos demônios. Continuamos, porém, a perguntar: a que levaram as outras conquistas culturais? A resposta terrível está diante de nossos olhos: não nos libertamos de medo algum, um pesadelo sinistro pesa sobre o mundo. A razão até agora fracassou lamentavelmente e justamente aquilo que todos querem evitar acontece numa progressão horripilante. O homem conquistou coisas utilitariamente fabulosas, mas em compensação escancarou o abismo no mundo e como conseguirá parar, se ainda for possível? Depois da última guerra mundial ainda se esperava que a razão predominasse; a espera continua ainda, mas já estamos fascinados pelas possibilidades de fissão do urânio e prometemos a nós mesmos uma era de ouro – a maior garantia de a abominação destruidora crescer ilimitadamente. E quem é o causador de tudo isso? É o espírito humano considerado inofensivo, engenhoso, inventivo e sensato, que infelizmente não tem consciência do demonismo inerente a ele. Sim, este faz tudo para não se defrontar com o próprio rosto, e todos nós o ajudamos na medida do possível. Deus nos livre da psicologia, pois tais digressões poder-nos-iam levar ao autoconhecimento! Preferimos as guerras a isso, pois elas são sempre a culpa do outro; ninguém vê que o mundo inteiro está possesso, pois fazemos aquilo que mais tememos e aquilo do que fugimos.

[455] Para falar com franqueza, parece-me que os tempos passados não exageraram, que o espírito não se livrou de seu demonismo e que os homens, devido ao desenvolvimento técnico-científico, ficaram entregues ao perigo crescente da possessão. O arquétipo do espírito é certamente caracterizado como sendo capaz de efeitos tão bons quanto maus, mas depende da decisão livre, isto é, consciente da criatura humana, que o bem não se deteriore em algo satânico. Seu pior pecado é a inconsciência, mas a ela se entregam com a maior devoção até mesmo aqueles que deveriam ser mestres e modelos para os outros. Quando cessarmos de pressupor que o homem é simplesmente bárbaro, procuraremos seriamente os meios e caminhos para exorcizá-lo e arrancá-lo de

sua possessão e inconsciência, transformando esta tarefa no mais importante feito da cultura? Não podemos entender afinal que todas as modificações e melhorias externas nada alteram no que concerne à natureza humana, tudo depende em última análise da forma pela qual o ser humano manipula a ciência e a técnica, tornando-se responsável por seus efeitos? Com certeza, o cristianismo abriu-nos o caminho, porém permaneceu na superfície, não tendo penetrado suficientemente fundo, como os fatos comprovam. Que desespero será necessário ainda até que se abram os olhos dos líderes responsáveis pelo destino da humanidade, a fim de que pelo menos eles mesmos possam resistir à tentação?

IV

A psicologia da figura do "trickster"[1]

[456] Não é fácil expressar-me nos estreitos limites de um posfácio a respeito da figura do "*Trickster*"[2] na mitologia indiana. Sempre, desde que há muitos anos li o livro clássico de Adolf F. Bandelier sobre *The Delight-Makers*, fiquei impressionado com a analogia europeia do carnaval na Igreja medieval e sua inversão da ordem hierárquica, a qual se perpetua ainda no carnaval dos grêmios estudantis. Algo desta qualidade paradoxal existe também na designação do diabo como *simia dei* (macaco de Deus) e em sua caracterização folclórica em geral como diabo "logrado" e "bobo", e uma estranha combinação de motivos "tricksterianos" típicos, encontra-se na figura alquímica de Mercúrio; por exemplo, sua tendência às travessuras astutas, em parte divertidas, em parte malignas (veneno!), sua mutabilidade, sua dupla natureza animal-divina, sua vulnerabilidade a todo tipo de tortura e – *last but not least* – sua proximidade da figura de

---

1. Originalmente publicado em *Der göttliche Schelm. Ein indianischer Mythenzyklus*, com anotações de Sam Blowsnake e comentários de Paul Radin – o qual também figura como editor – e Karl Kérenyi e também com a presente interpretação psicológica de C.G. Jung. Rhein-Verlag, Zurique, 1954.

2. Em sua edição do ciclo de mitos indianos, *Der göttliche Schelm*, a Rhein-Verlag tomou a liberdade de substituir continuamente a designação "*Trickster*", de JUNG, por "*Schelm*" (maroto). Essa intervenção irritou de tal forma o autor, que não só transcrevemos o seu comentário a respeito – "permito-me observar que em meu comentário original sempre utilizei a expressão *Narr* (tolo, louco) e *Trickster* em vez de *Schelm*" – como também voltamos a utilizar a versão original.

um salvador. Graças a essas propriedades, Mercúrio aparece como um *daemonium* ressuscitado dos tempos primordiais, até mesmo mais antigo do que o Hermes grego. Os traços "tricksterianos" de Mercúrio têm alguma relação com certas figuras folclóricas sobejamente conhecidas nos contos de fada: Dunga, o João Bobo e o Palhaço que são heróis negativos, conseguindo pela estupidez aquilo que outros não conseguem com a maior habilidade. No conto de Grimm o espírito de Mercúrio é burlado por um jovem camponio, sendo forçado a comprar a sua liberdade com o dom precioso da arte de curar.

[457] Como as figuras míticas correspondem a vivências interiores, tendo sido originariamente produzidas por estas últimas, não é surpreendente que ocorram fenômenos no campo da parapsicologia, apresentando traços do "*trickster*". São as manifestações do *poltergeist*, que sempre sucederam em todo tempo e lugar. Acontecem particularmente onde há crianças na pré-adolescência. As travessuras engraçadas ou maliciosas deste espírito são tão conhecidas quanto seu baixo nível de inteligência, isto é, a tolice notória de suas "comunicações". A habilidade de transformar-se também parece representar uma característica do *poltergeist* na medida em que numerosos relatos lhe atribuem formas animais. Uma vez que ele mesmo se descreve às vezes como uma alma que se encontra no inferno, o motivo do tormento subjetivo, ao que parece, nunca falta. Sua universalidade coincide, por assim dizer, com a do xamanismo, ao qual pertence, como se sabe, toda fenomenologia espírita. No caráter do xamã e do curandeiro há algo de "*trickster*", pois eles também pregam peças maldosas aos que a eles recorrem, para depois sucumbirem à vingança dos prejudicados. Sua profissão, portanto, acarreta às vezes perigo de vida. Além disso, as técnicas xamânicas causam frequentemente

desgraças e até mesmo tormentos ao curandeiro. Em todo caso, *the making of a medicine-man*[3] significa em muitos lugares do mundo uma tal tortura corporal e anímica que, segundo parece, produz danos psíquicos permanentes. O "aproximar-se do salvador" é, pelo contrário – confirmando a verdade mítica – o fato de que o feridor e ferido cura, e o que padece repara ou remedia o sofrimento.

[458] Esses traços mitológicos atingem até as mais elevadas esferas do desenvolvimento espiritual e religioso. Examinando-se mais acuradamente os traços demoníacos de Javé no *Antigo Testamento*, encontraremos alguns sinais da imprevisibilidade, da inútil mania de destruição e do sofrimento *autoinfligido* do "*trickster*", juntamente com o desenvolvimento gradual rumo ao salvador e sua humanização. É esta inversão do sem-sentido para o pleno-sentido que mostra a relação compensatória do "*trickster*" para com o "santo", a qual no início da Idade Média já levava a estranhos costumes eclesiásticos, baseados na memória das *Saturnalia* da Antiguidade. Estas eram celebradas com canto e dança nos dias que se seguiam ao nascimento de Cristo, portanto na época do Ano-Novo. Tratava-se primeiro das *tripudia* (danças) inofensivas dos sacerdotes, do clero inferior, das crianças e subdiáconos na Igreja. Nessa ocasião era escolhido um *episcopus puerorum* (bispo das crianças) no *dies innocentium*[4], paramentado com vestes pontificais. Este fazia uma visita oficial ao palácio do arcebispo, acompanhado de uma grande balbúrdia, e de uma das janelas do palácio distribuía sua bênção episcopal. O mesmo acontecia no *tripudium hypodiaconorum*, bem como nos outros graus sacerdotais. No fim do século XII, o primeiro já havia degenerado numa

---

3. (O vir-a-ser de um xamã.)

4. [Dia dos inocentes = 28 de dezembro.]

verdadeira festa de loucos (*festum stultorum*). No ano de 1198, uma notícia propagou-se de que em Notre Dame (Paris), na festa da circuncisão, "perpetravam-se tantos excessos e atos infames, a ponto de dessacralizar o lugar sagrado, não só pelas palavras sujas, como também pelo derramamento de sangue". O Papa Inocêncio III manifestou-se, mas inutilmente, contra as "brincadeiras escarnecedoras da sua loucura" (dos clérigos) e contra "o desabafo desavergonhado do seu espetáculo". Trezentos anos mais tarde (12 de março de 1444) uma carta da Faculdade Teológica de Paris, endereçada a todos os bispos franceses, clama contra essa festa, em que "os próprios sacerdotes e clérigos escolhiam um arcebispo, ou bispo, ou papa (!), designando-o como o papa dos loucos (*fatuorum Papam*)" etc. "No meio da missa, pessoas fantasiadas com máscaras grotescas ou de mulher, de leões ou de atores apresentavam suas danças, cantavam no coro canções indecentes, comiam comidas gordurosas num canto do altar, ao lado do celebrante da missa, jogavam ali mesmo seu jogo de dados, incensavam com fumaça fedorenta, queimando o couro dos sapatos velhos e corriam e saltitavam por toda a Igreja" etc.[5]

[459] Não espanta que este verdadeiro *sabbat* das bruxas fosse extremamente popular, razão pela qual exigia um esforço enorme no sentido de libertar a Igreja aos poucos dessa herança antiga[6].

---

5. DU CANGE. *Glossarium mediae et infimae latinitatis*, cf. verbete Kalendae, p. 481. Encontra-se aí também a observação de que a palavra francesa "*soudiacres*" significa literalmente "*saturi diaconi*" ou "*diacres saouls*" (= diáconos embriagados).

6. Parece que o modelo direto dos costumes eclesiásticos está na festa chamada "*Cervula*" ou "*Cervulus*". Esta acontecia nas calendas de janeiro e era uma espécie de festejo de Ano-Novo. Trocavam-se "*strenae*" (*étrennes*, presentes de Ano-Novo), fantasiavam-se de animais e velhas e dançavam pelas ruas, aos gritos, batendo palmas e cantando. Cantavam *cantationes sacrilegae* (DU

Até os sacerdotes, ao que parece, se agarravam em certos lugares à *libertas decembrica*, como era chamada a liberdade dos loucos, embora (ou porque) nessa ocasião o estado de consciência anterior, ou seja, a selvageria, a euforia e a irresponsabilidade pagã e bárbara podia afinal extravasar-se[7]. No início do século XVI essas cerimônias, que mostram o espírito do "*trickster*" ainda em sua forma originária, parecem extintas. Pelo menos, várias decisões conciliares, de 1581-1585, apenas proíbem a *Festum Puerorum* e a eleição de um *episcopus puerorum*. [460]

Finalmente, neste contexto, devemos mencionar também a *Festum asinorum*, que era celebrada principalmente na França. Embora essa festa fosse considerada uma celebração inofensiva em memória da fuga para o Egito, ela era celebrada de um modo algo curioso, que podia ser motivo de equívocos. Em Beauvais, a procissão do burro entrou diretamente na Igreja[8]. Na *missa solemnis* que se seguiu, todas as pessoas relinchavam no final de cada parte da missa (do Introito, do Kyrie, Glória etc., isto é, y-a, como faz o burro, "*hac modulatione* hinham *concludebantur*"). "No final da missa o sacerdote relinchará três vezes (*ter Hinhamabit*) em vez do *ite missa est*, e o povo responderá em vez do *Deo gratias*, três vezes y-a (*hinham*)", segundo se lê em um *codex manuscriptus*, supostamente do século XI. [461]

CANGE. Op. cit., cf. verbete Cervula). Mesmo em Roma essas festas se realizavam nas proximidades da Basílica de São Pedro.

7. Em muitos lugares, fazia parte do "*festum fatuorum*" o jogo de bola dos clérigos, para o qual até hoje não temos explicação; e era chefiado pelo bispo, ou arcebispo, conforme o caso – "*ut etiam sese ad lusum pilae demittant*" [a fim de que eles também pudessem dedicar-se ao jogo da pila]. Pila ou pelota é a bola, que os participantes do jogo lançavam um para o outro. Cf. DU CANGE. Op. cit., cf. verbete Kalendae e Pelota.

8. "*Puella, quae cum asino a parte Evangelii prope altare collocabatur*" [Uma menina, que com um burro se colocava perto do altar do lado do Evangelho]. (DU CANGE. Op. cit., cf. verbete *Festum Asinorum*.)

[462] Du Cange cita um hino relacionado com esta festa:

Orientis partibus,
Adventavit Asinus,
Pulcher et fortissimus,
Sarcinis aptissimus

De países do Oriente
Eis que o asno chegou
Belo e fortíssimo
O melhor portador.

Versos desse tipo eram sempre seguidos pelo refrão francês:

Hez, Sire Asnes, car chantez,
Belle bouche rechignez,
Vous aurez du foin assez
et de l'avoine à plantez.

Hei, Senhor Asno, canta!
Negas esta iguaria?
Terás bastante feno
e aveia em demasia.

O hino consta de dez estrofes, sendo que a última diz:

Amen, dicas, Asine (hic genuflectebatur)
Jam satur de gramine,
Amen, amen, itera
Aspemare vetera (?)

Dize amém, Senhor Asno (*aqui é feita uma genuflexão*)
Saciado estás de capim,
Repete amém, amém
E despreza o velho, sim (?)[9]

---

9. Em vez de *vetera*, talvez *caetera*?

Du Cange diz: quanto mais ridículo parecia este rito, "com maior entusiasmo era celebrado" (*eo religiosiori cultu observata fuerint*). Em outros lugares colocava-se sobre o asno uma manta dourada, cujas pontas, cônegos eminentes seguravam (*praecipuis canonicis*); "os outros presentes deviam vestir-se festivamente como convinha, tal como no dia de Natal". Pelo fato de haver certa tendência a relacionar simbolicamente o asno com Cristo, e uma vez que desde tempos remotos o Deus dos judeus era concebido vulgarmente como um asno e o próprio Cristo fora atingido por este preconceito, conforme indica o crucifixo escarnecedor rabiscado na parede da Escola Imperial de Cadetes, no Palatino, e Tertuliano o confirma[10]: o perigo do teriomorfismo rondava. Os próprios bispos durante muito tempo nada puderam fazer contra este costume, até finalmente ser suprimido pela *auctoritas supremi Senatus*. A suspeita de blasfêmia torna-se visível no *Festival do Asno* de Nietzsche[11], que é uma paródia deliberadamente blasfema. [463]

Tais costumes medievais demonstram o papel da figura do "*trickster*" *ad oculos*, e quando desapareceram do âmbito eclesiástico, reapareceram no palco profano da Comédia italiana sob a forma de tipos cômicos, frequentemente caracterizados como itifálicos, que divertiam o público impudico com chistes gargantuescos. O cinzel de Jacques Callot preservou essas figuras clássicas para a posteridade: as Pulcinellas, Cucorognas, Chico Sgarras etc.[12] [464]

10. *Apologeticus adversus gentes*, XVI [O "Crucifixo do escárnio" encontra-se reproduzido na fig. 83, p. 355 em *Símbolos da transformação*].

11. *Also sprach Zarathustra*, p. 452s.

12. Refiro-me à série "*balli di Sfessania*". Este nome poderia dizer respeito à cidade etrusca de Fescennia, conhecida pelas suas canções picantes. Donde a expressão "*Fescennia licentia*" de Horácio, em que *Fescennius* = φαλλικός (fálico).

[465] Em contos picarescos, na alegria desenfreada do carnaval, em rituais de cura e magia, nas angústias e iluminações religiosas, o fantasma do "*trickster*" se imiscui em figuras ora inconfundíveis, ora vagas, na mitologia de todos os tempos e lugares[13], obviamente um "psicologema", isto é, uma estrutura psíquica arquetípica antiquíssima. Esta, em sua manifestação mais visível, é um *reflexo fiel de uma consciência humana indiferenciada em todos os aspectos*, correspondente a uma psique que, por assim dizer, ainda não deixou o nível animal. Considerada sob um ângulo causal e histórico, a origem da figura do "*trickster*" é praticamente incontestável. Tanto na psicologia como na biologia, não podemos negligenciar ou subestimar a resposta à indagação acerca do porquê de uma manifestação, embora em geral ela nada nos ensine sobre seu sentido funcional. Por isso, a biologia não deveria jamais renunciar à indagação do para quê, pois é só através da resposta a ela que o sentido do fenômeno se revela. Até mesmo na patologia, quando se trata de lesões insignificantes, a observação exclusivamente causal mostra-se inadequada, uma vez que inúmeros fenômenos patológicos só revelam seu sentido quando inquirimos quanto a seu propósito. Mas quando se trata de fenômenos normais da vida, a questão do para quê tem prioridade inquestionável.

[466] Assim sendo, uma consciência primitiva ou bárbara tem uma autoimagem em um nível anterior de desenvolvimento; continua essa atividade psíquica através de séculos ou milênios, permitindo que as propriedades essenciais dessa atividade se misturem com os produtos mentais diferenciados e até extremamente elevados. Isto pode ser expli-

---

13. Cf. o artigo "*Daily Paper Pantheon*" de A. McGlashan em *The Lancet*, p. 238. O autor aponta para as figuras dos "*comic strips*" dos diários ingleses, marcados por analogias arquetípicas.

cado causalmente pelo fato geral de as qualidades arcaicas se comportarem de forma tanto mais conservadora e obstinada quanto mais antigas forem. Simplesmente não podemos livrar-nos da imagem mnemônica daquilo que era, carregando-a, portanto, como um apêndice absurdo.

[467] Tal explicação, tão óbvia, que poderia satisfazer até as exigências racionalistas da nossa época, certamente não seria aceita pelos *winnebagos*, os mais próximos portadores do ciclo do "*trickster*". Para eles, tal mito não significa um resíduo, pois é demasiado divertido e com certeza um objeto de prazer não compartilhado. O mito "funciona" para eles, se ainda não foram corrompidos pela civilização. Não há motivo, portanto, para problematizar acerca de seu sentido e finalidade, da mesma forma que a árvore de natal não parece problemática para o europeu ingênuo. No entanto, o "*trickster*", assim como a árvore de natal, são motivo suficiente de reflexão para o observador de espírito crítico. Na verdade, o que ele pensa acerca dessas coisas depende muito da mentalidade do observador. Considerando o primitivismo cru do ciclo do "*trickster*", não seria surpreendente se alguém visse neste mito apenas o reflexo de um estágio de consciência anterior e elementar, pois é o que o "*trickster*" parece ser manifestamente[14].

[468] A única questão à qual devemos responder é esta: se no campo da psicologia empírica existem personificações desses reflexos. Na realidade, a resposta é afirmativa e estas experiências, ou seja, as cisões da personalidade (*double*

14. Os níveis de consciência mais antigos parecem deixar vestígios perceptíveis. Assim sendo, os chacras do sistema tântrico correspondem, grosso modo, a antigas localizações da consciência, como *anahata* = região do peito, *manipura* = região do ventre, *svadisthana* = região da bexiga, *vishuddha* que corresponde à moderna consciência da linguagem e à laringe (cf. AVALON. *The Serpent Power*).

personnalité) constituem uma das primeiras observações em psicopatologia. Tais dissociações têm a peculiaridade de que a personalidade cindida mantém uma relação complementar ou compensatória para com a do eu. Ela é uma personificação de traços de caráter, às vezes piores e às vezes melhores do que os apresentados pelo eu. Uma personificação coletiva como o "*trickster*" é produto de uma soma de casos individuais, podendo ser reconhecida pelos indivíduos isoladamente, o que não ocorreria se se tratasse de um produto individual.

[469] Se o mito fosse simplesmente um resíduo histórico, teríamos que indagar a razão pela qual já não desapareceu há muito tempo no depósito de lixo do passado, continuando a influenciar através de sua presença até os mais altos cumes da civilização; inclusive onde ele não representa o papel de um *delight-maker* (folgazão), devido à sua estupidez e grotesca conversa fiada. Em muitas culturas ele é figurado como um antigo leito de rio, através do qual um resto de água ainda flui. Esta figuração é mais visível pelo fato de o motivo do "*trickster*" não se apresentar apenas sob a forma mítica, aparecendo também ingênua e autenticamente no cidadão desavisado; isto sempre ocorre onde este está à mercê dos acasos, que perturbam seu querer e fazer, aparentemente com uma intenção maléfica. Isto é, atribuindo geralmente à intervenção de "*kobolds*" (duendes) e "à insídia do objeto", tal como o herói no romance de F.Th. Vischer, *Auch Einer*, cuja leitura era obrigatória na cultura alemã antiga. O "*trickster*" é representado no livro por tendências opostas no inconsciente e, neste caso específico, por um tipo de segunda personalidade de caráter pueril, inferior, semelhante àquelas personalidades que se manifestam verbalmente em sessões espíritas, ou causam fenômenos totalmente infantis, característicos do *poltergeist*. Acredito ter designado corretamente estes componentes de caráter, que nunca faltam, por *som-*

bra[15]. No nosso nível cultural ela é considerada como uma falha pessoal ("gafe, deslize"), sendo atribuída à personalidade consciente como um defeito. Não nos lembramos mais de que, por exemplo, em festas como o carnaval e outras semelhantes, encontram-se ainda remanescentes de uma imagem que corresponde à sombra coletiva; essas festas comprovam que a sombra pessoal é, por assim dizer, descendente de uma figura coletiva numinosa. Esta última decompõe-se pouco a pouco sob a influência da civilização e permanece viva, mas dificilmente reconhecível, em resíduos folclóricos. Sua parte principal, porém, se personifica, tornando-se objeto de responsabilidade subjetiva.

[470] O ciclo do "*trickster*" de Radin conservou a forma mítica originária da sombra, indicando a existência de um estágio de consciência muito mais antigo, anterior ao do mito, quando o índio ainda se encontrava em uma obscuridade mental quase completa. Só quando sua consciência atingiu um nível superior, foi possível destacar-se do estágio anterior como algo diverso de si mesmo e objetivá-lo, isto é, dizer algo a seu respeito. Enquanto sua consciência era igual à do "*trickster*" não podia ocorrer evidentemente um tal confronto. Este só foi possível quando o acesso a um nível mais elevado de consciência possibilitou-lhe olhar para trás, em direção a um nível mais baixo e inferior. Neste retrocesso era inevitável que houvesse uma mistura de escárnio e desprezo, o que em todo caso turvava ainda mais a imagem mnemônica do passado, a qual já não era muito agradável. Este fenômeno deve ter-se repetido muitas vezes no decorrer da história da evolução espiritual. O desprezo soberano com que os novos tempos olhavam o gosto e a compreensão

15. O mesmo conceito já se encontra no Pai da Igreja Irineu designado por "*umbra*" (*Adversas haereses*, I, 11, 1).

de séculos anteriores é um exemplo clássico; no *Novo Testamento* encontra-se uma alusão inequívoca a este fenômeno. Nos *Atos dos Apóstolos* (17,30), onde se lê que Deus olhou por assim dizer do alto para baixo (ὑπεριδών, *despiciens*) os χρόνοι τῆς ἄγνοιας, os tempos da ignorância (inconsciente).

[471] Esta atitude contrasta estranhamente com a idealização do passado, mais comum e mais impressionante ainda, que é louvado não só como os "bons e velhos tempos", mas como a Idade de Ouro, o próprio Paraíso, e isso não só por pessoas incultas e supersticiosas, mas também por parte daqueles milhões de pessoas contaminadas pela teosofia, as quais acreditam inabalavelmente na existência antiquíssima de uma cultura superior da Atlântida.

[472] Quem pertencer a um círculo cultural que busca o estado perfeito em algum lugar do passado, deverá sentir-se estranhamente tocado pela figura do "*trickster*", que é um precursor do salvador e, como este, é Deus, homem e animal. Também é tanto subumanamente como sobre-humanamente um ser teriomórfico e divino, cuja característica permanente e mais impressionante é a inconsciência. Por este motivo é abandonado por seus companheiros (evidentemente humanos), o que parece indicar que abdicou do seu estado de consciência humana. Ele é tão inconsciente de si mesmo que não representa uma unidade, a ponto de suas duas mãos poderem brigar uma com a outra. Tira até o próprio ânus e o incumbe de uma tarefa especial. Até mesmo seu sexo é facultativo, apesar de suas qualidades fálicas: pode transformar-se numa mulher e parir crianças. De seu pênis faz plantas úteis. Esta circunstância é uma referência à sua natureza criadora originária: é do corpo de Deus que se cria o mundo.

[473] Sob outros aspectos ele é mais estúpido do que os animais, caindo de um ridículo desajeitamento a outro. Embo-

ra não seja propriamente mau, comete, devido à sua inconsciência e falta de relacionamento, as maiores atrocidades. Seu cativeiro na inconsciência animal é sugerido por sua prisão no crânio de um alce e a superação deste estado, inversamente, pela inclusão da cabeça do falcão em seu próprio reto. Depois disso, volta ao estado anterior, ou seja, debaixo do gelo, sendo burlado seguidamente por animais, até finalmente conseguir enganar o coiote, o que o faz lembrar-se de sua natureza salvífica. O "*trickster*" é um ser originário "cósmico", de natureza divino-animal, por um lado, superior ao homem, graças à sua qualidade sobre-humana e, por outro, inferior a ele, devido à sua insensatez inconsciente. Nem está à altura do animal devido à sua notável falta de instinto e desajeitamento. Estes defeitos caracterizam sua natureza *humana*, a qual se adapta às condições do ambiente mais dificilmente do que um animal. Em compensação, porém, candidata-se a um desenvolvimento da consciência muito superior, isto é, possui um desejo considerável de aprender, o qual também é devidamente ressaltado pelo mito.

[474] A repetição múltipla do mito significa a *anamnese terapêutica* de conteúdos, os quais, por razões de início inevidentes, não podem ser esquecidos por muito tempo. Se estes nada mais fossem do que resíduos de um estado prévio inferior, seria compreensível que a atenção se desviasse, sentindo seu reaparecimento como algo importuno. Não é o caso, porém, como vimos, pois o "*trickster*" continua a ser uma fonte de divertimento que se prolonga através das civilizações, sendo reconhecível nas figuras carnavalescas de um polichinelo e de um palhaço. Este motivo é a razão importante para que continue a manter sua função. Não é, porém, o único, nem a razão particular pela qual este reflexo de um estado de consciência extremamente primitivo configurou-se num personagem mitológico. Meros

resíduos de um estado anterior, já em extinção, costumam perder sua energia progressivamente. De outro modo, não desapareceriam. Não poderíamos esperar de forma alguma que tais conteúdos se solidificassem por própria conta, em uma figura mítica com um ciclo particular de lendas, a não ser que recebessem energia de fora; neste caso, diretamente da consciência mais elevada ou da fonte inconsciente que ainda não se tivesse esgotado. Se colocarmos esta questão, o que é possível e permitido, em paralelo com um caso individual correspondente, uma impressionante e paradoxal figura da sombra – posta em confronto com uma consciência pessoal – não comparece pelo fato de existir ainda, mas por repousar num dinamismo, cuja existência só pode ser explicada a partir da situação presente: por exemplo, porque ela é tão antipática à consciência do eu que deve ser recalcada no inconsciente. Tal explicação não serve totalmente para o nosso caso, na medida em que o "*trickster*" representa manifestamente um grau de consciência em vias de extinção, ao qual falta cada vez mais a força para configurar-se e evidenciar-se. Além disso, o recalque impediria sua extinção, uma vez que o conteúdo reprimido tem justamente as melhores condições de conservar-se, posto que no inconsciente, conforme mostra a experiência, nada é corrigido. Acrescenta-se ainda o fato de que na consciência índia a história do "*trickster*" não é incompatível, nem antipática, mas sim prazerosa, não convidando por isso à repressão. Parece, pelo contrário, que o mito estaria apoiado e cuidado pela consciência. E isto deve ser assim, uma vez que tal fato representa o melhor método e o mais bem-sucedido de manter consciente a figura da sombra e assim expô-la à crítica da consciência. Apesar desta última não apresentar abertamente um caráter negativo, mas o de uma apreciação positiva, podemos esperar que, com o progressivo desenvolvimento da consciência, os aspectos mais rudes do mito diminuam pouco a pouco[16], ainda que não haja o perigo de um desaparecimento rápido do mesmo, como resultado da colisão com a civilização dos brancos. Vimos frequentemente como certos costumes originariamente cruéis ou obscenos se volatilizaram no decorrer do tempo, tornando-se meros vestígios.

[475] Este processo de tornar os costumes inofensivos, como mostra a história do motivo, leva muito tempo, de tal forma que mesmo em níveis elevados de civilização ainda encontramos seus vestígios. Esta longevidade poderia ser explicada pela força e vitalidade do estado de consciência relatados no mito e ainda presentes, e que produzem uma participação e fascínio secretos da consciência. Independentemente do fato de que as hipóteses meramente causais são pouco satisfatórias na esfera da biologia, é importante considerar no presente caso a circunstância de um estado de consciência superior já ter recoberto um estado inferior, que vai cedendo lugar. Além disso, o "*trickster*" deve a sua permanência principalmente ao interesse que a consciência demonstra por ele. Como vimos, isto se liga ao fenômeno do efeito inevitável da civilização progressiva, isto é, da assimilação da figura primitiva dotada de certa autonomia, enquanto *daemonium* originário de uma capacidade que pode provocar um estado de possessão.

[476] A complementação da abordagem causal por uma abordagem final possibilitou não só interpretações mais consistentes na psicologia médica, no caso de fantasias provocadas pelo inconsciente, mas também no caso de fantasias coletivas, isto é, dos mitos e lendas.

---

16. Os festejos carnavalescos da Igreja já são proibidos pelos papas na Idade Média. A submersão do "*Ueli*" (de Udalricus = Ulrich, rústico, idiota, louco) em Basileia na segunda quinzena de janeiro foi proibida pela polícia, se me lembro bem, nos anos 1860, depois que uma vítima morreu de pneumonia.

[477] Segundo Paul Radin, o processo civilizatório inicia-se com o ciclo do "*trickster*", o que indica a superação nítida do estado originário. Os sinais da mais profunda inconsciência vão desaparecendo: em lugar de manifestar-se de modo brutal, cruel, bobo e insensato, o "*trickster*" começa a fazer coisas úteis e sensatas ao findar o ciclo. A desvalorização da inconsciência anterior já é aparente dentro do mito. Perguntamo-nos, porém, o que ocorre com os defeitos do "*trickster*". O observador ingênuo pode imaginar que, quando os aspectos obscuros desaparecem, é porque não existem mais. De acordo com a experiência, porém, não é este o caso. Na realidade o que ocorre é a libertação da consciência do fascínio do mal, não sendo mais obrigada a vivê-lo compulsivamente. O obscuro e o mal não se desfizeram em fumaça, mas recolheram-se no inconsciente devido a uma perda de energia, onde permanecem inconscientes enquanto tudo vai bem na consciência. Quando, porém, a consciência é abalada por situações dúbias ou críticas, percebe-se que a sombra de forma alguma se dissolveu no nada, mas apenas espera por uma oportunidade favorável para reaparecer, pelo menos como uma projeção no outro. Se essa façanha for bem-sucedida, cria-se novamente entre ambos aquele mundo obscuro, no qual tudo o que é característico da figura do "*trickster*" pode acontecer, mesmo nos mais altos graus de civilização. Podemos chamar este acontecimento de "teatro simiesco", em cujo palco nada dá certo e tudo é idiotice, não oferecendo a possibilidade de ocorrer algo inteligente ou, excepcionalmente, só no último momento. A política nos oferece os melhores exemplos.

[478] O assim chamado homem culto esqueceu-se do "*trickster*". Lembra-se dele apenas de modo figurado e metafórico, quando, irritado pelos próprios desacertos, fala das brincadeiras dos *kobolds* ou coisas parecidas. Ele nem suspeita que

em sua própria sombra, escondida e aparentemente inofensiva, há propriedades cujo perigo nem de longe imagina. Quando as pessoas se reúnem em massa na qual o indivíduo submerge, essa sombra é mobilizada e – como demonstra a história – pode ser personificada ou encarnada.

A opinião desastrosa de que a alma humana recebe tudo de fora pelo fato de ter nascido *tabula rasa* é responsável pela crença errônea de que em circunstâncias externas normais o indivíduo está em perfeita ordem. Ele espera sua salvação do Estado e responsabiliza a sociedade por sua própria ineficiência. Pensa que o sentido da existência seria atingido se o seu sustento lhe fosse fornecido de graça a domicílio, ou se todos possuíssem um automóvel. Estas puerilidades e outras semelhantes ocupam o lugar da sombra que se tornou inconsciente, mantendo-a nesse estágio. Sob a influência desses preconceitos, o indivíduo sente-se dependente por completo do seu meio, perdendo a capacidade de introspecção. Assim sendo, a sua ética é recalcada pelo conhecimento daquilo que é permitido, proibido ou oferecido. Desse modo, como esperar de um soldado, por exemplo, que submeta uma ordem recebida de cima a uma reflexão ética? Ele nem mesmo descobriu ainda sua possibilidade de ter um impulso moral espontâneo, independentemente de espectadores. [479]

A partir disso, seria compreensível a razão pela qual o mito do "*trickster*" se manteve e desenvolveu: a exemplo de tantos mitos possuiria talvez um efeito psicoterapêutico. Ele mantém diante dos olhos do indivíduo altamente desenvolvido o baixo nível intelectual e moral precedente, a fim de que não nos esqueçamos do ontem. Supomos que algo incompreensível seja incapaz de ter um efeito positivo sobre nós. Não é o que sempre acontece. O ser humano raramente compreende apenas com a cabeça, e menos ainda se for um primitivo. O mito, graças à sua numinosidade, tem [480] um efeito direto sobre o inconsciente, quer a consciência o compreenda ou não. O fato de sua contínua repetição não tê-lo tornado obsoleto, há muito tempo, pode ser explicado, acredito, pelo fato de suprir uma necessidade. A explicação é um tanto difícil na medida em que há duas tendências contrárias operando, a saber, por um lado, a de sair do estado precedente e, por outro, a de conservá-lo na memória[17]. Paul Radin, pelo visto, também sentiu essa dificuldade. Ele escreve: "Do ponto de vista psicológico poderíamos afirmar que a história da cultura humana representa em larga medida as tentativas do homem de esquecer a sua transformação animal em humana"[18]. Algumas páginas adiante ele escreve (referindo-se à era de ouro): "Esta recusa obstinada a esquecer não é um acaso"[19]. Também não é por acaso que temos de expressar essa oposição quando pretendemos caracterizar a atitude paradoxal frente ao mito. Entre nós até mesmo o mais esclarecido enfeitará uma árvore de natal sem ter a menor ideia do que significa esse costume, estando sempre disposto a sufocar em seu germe qualquer tentativa de interpretação. É surpreendente observar como se dissemina entre nós, tanto na cidade como no campo, a chamada superstição; mas se chamarmos um indivíduo, proponho-lhe a pergunta "Você acredita em espíritos? Em feitiços? Na eficácia de meios mágicos?", ele negaria, indignado. Podemos apostar que ele nunca ouviu falar acerca disso, considerando tais coisas meros disparates. Secretamente, porém, ele está tão envolvido nisso quanto um habitante da selva. O público, no entanto, sabe muito pouco acer-

---

17. Não esquecer quer dizer o mesmo que conservar na consciência. Quando o inimigo desaparece do meu campo visual, é possível que ele esteja perigosamente atrás de mim.

18. RADIN. *Gott und Mensch in der primitiven Welt*, p. 11.

19. Op. cit., p. 13.

ca desses assuntos, uma vez que todos estão convencidos que tais superstições já foram erradicadas há muito tempo em nossa sociedade esclarecida; convencionalmente agimos como se jamais tivéssemos ouvido algo a respeito e, muito menos, acreditado em tais coisas.

[481] Nada passou, porém, nem mesmo o pacto de sangue com o diabo. Exteriormente esquecemos, mas interiormente, de modo algum. Comportamo-nos como aquele negro na vertente sul do Elgon, com o qual caminhamos um trecho de caminho através da selva. Chegamos em uma bifurcação da trilha, a uma "armadilha de espíritos", nova, muito bem adornada (como uma casa), próxima de uma caverna onde o negro morava com sua família. Perguntei-lhe se fora ele que a fizera. Ele negou, com todos os sinais de agitação, afirmando que as crianças faziam tais "brinquedos" (na África Ocidental esse brinquedo era chamado "ju-ju"). Dizendo isso, deu um chute na cabana e a desmantelou.

[482] Esta é exatamente a reação que podemos observar entre nós: exteriormente um homem é culto e, internamente, um primitivo. Algo dele não pensa em abrir mão dos primórdios e outra parte acredita que há muito tempo superou tudo isso. Certa vez tomei consciência desta contradição de modo drástico: estava assistindo a um ritual em que um "*Strudel*" (xamã) procedia a uma quebra de feitiço de um estábulo. Este ficava bem ao lado da ferrovia de São Gotardo, por onde vários expressos internacionais passaram durante a cerimônia mágica. Os passageiros não suspeitavam de modo algum de que a poucos metros deles estava sendo celebrado um ritual primitivo.

[483] A oposição das duas dimensões da consciência é a expressão da estrutura contraditória da psique, a qual depende, enquanto sistema energético, da tensão entre opostos.

Por esta razão não há proposições psicológicas gerais que não possam ser invertidas, e justamente por isso elas provam sua validade. É preciso lembrar que em toda discussão psicológica não falamos *sobre* a psique, mas é a psique que se expressa a si mesma. De nada adianta acreditar que podemos colocar-nos acima da psique mediante o "espírito", mesmo que este afirme ser independente dela. Como poderia o espírito prová-lo? Podemos dizer, se quisermos, que uma das nossas afirmações provém da psique, ou melhor, que é única e exclusivamente psíquica; a outra, porém, é espiritual e, portanto, superior à psíquica. Ambas são e permanecem meras asserções baseadas em postulados de fé.

[484] Nessa hierarquia tricotômica antiga e originária dos conteúdos psíquicos (hílica, psíquica e pneumática) a estrutura polarizada da psique, objeto de experiência imediata, é um fato. A unidade da natureza psíquica está no meio, como a unidade viva da cachoeira aparece na conexão dinâmica entre o alto e o baixo. O efeito vivo do mito é vivenciado quando uma consciência superior, que se regozija com sua liberdade e independência, confronta-se com a autonomia de uma figura mitológica, sem poder escapar do seu fascínio, tendo que prestar seu tributo à impressão subjugante. A figura atua porque tem uma correspondência secreta na psique do espectador, aparecendo como um reflexo da mesma, o qual no entanto não é reconhecido como tal. A figura está cindida da consciência subjetiva e se comporta por isso como uma personalidade autônoma. O "*trickster*" é a *figura da sombra coletiva*, uma soma de todos os traços de caráter inferior. Uma vez que a sombra individual é um componente nunca ausente da personalidade, a figura coletiva é gerada sempre de novo a partir dela. Mas nem sempre isso ocorre sob forma mitológica, mas nos tempos mais recentes e devido à repressão crescente dos mitologemas originários, ela é projetada sobre outros grupos sociais e outros povos.

[485] Estabelecendo um paralelo entre o "*trickster*" e a sombra individual, pode-se colocar a seguinte pergunta: será que a mudança que se observa em direção ao pleno-sentido (*sinnvolle*), conforme o mito do "*trickster*", também se aplica à sombra pessoal subjetiva? Como esta última é uma forma bem definida que aparece frequentemente na fenomenologia dos sonhos, podemos responder positivamente a essa pergunta: a sombra, embora seja uma figura negativa *per definitionem*, deixa entrever muitas vezes traços ou associações positivas, os quais apontam para um cenário de outro tipo. É como se ela escondesse conteúdos significativos sob um invólucro inferior. A experiência confirma a hipótese; aliás as coisas aparentemente ocultas consistem em geral de figuras cada vez mais numinosas. O arquétipo mais próximo depois da sombra[20] é, em geral, a anima, dotada de considerável fascínio e poder possessivo. Esta figura muitas vezes demasiado juvenil oculta, por sua vez, o tipo superinfluente do "homem velho" (sábio, mago, rei etc.). Esta série poderia continuar, mas não é necessário, posto que podemos compreender psicologicamente só aquilo que já vivenciamos. Os conceitos da nossa psicologia complexa em todos os âmbitos não são formulações intelectuais, mas designações para certos campos de experiência, os quais podemos descrever; incompreensíveis, porém, e desprovidos de vida para quem não os vivenciou. De acordo com minha experiência, podemos representar sem dificuldade o que significa a "sombra", mesmo preferindo substituir este conceito

20. Com a figura de linguagem "estar atrás" tento na realidade deixar visível o fato de que, na medida em que a sombra é reconhecida e integrada, apresenta-se o problema da relação, ou seja, da anima. É compreensível que o confronto com a sombra influencie as relações do eu com fatos internos e externos de modo extremamente persistente, pois a integração da sombra acarreta uma mudança de personalidade. Cf. minhas exposições em *Aion – Estudo sobre o simbolismo do si-mesmo* [OC, 9/2 § 13s.].

vivo por uma palavra latina ou grega, que soe "cientificamente". A compreensão da anima, no entanto, encontra dificuldades bem maiores. Na realidade ela é facilmente aceita quando se apresenta no cenário da literatura, ou como estrela cinematográfica. É malcompreendida, porém, ou então totalmente incompreendida, quando deveríamos tomar consciência de seu papel na própria vida, uma vez que representa tudo aquilo com o que o homem não sabe lidar; ela permanece por isso em um estado emocional constante que não pode ser tocado. O grau de inconsciência que encontramos em relação a ela é, discretamente falando, assombroso. É quase impossível, portanto, deixar claro para o homem, temeroso de sua própria feminilidade, o significado da "anima".

[486] Não é de admirar que seja este o caso, uma vez que o reconhecimento mais elementar da sombra provoca ainda as maiores resistências no homem europeu contemporâneo. À medida que a sombra representa a figura mais próxima da consciência e a menos explosiva, ela constitui também aquele aspecto da personalidade que, na análise do inconsciente, é o primeiro a manifestar-se. Sua figura aparece no início do caminho da individuação, em parte ameaçadora, em parte ridícula, colocando o problema do enigma da esfinge de um modo simplista e, portanto, suspeito, ou exigindo uma resposta a uma *quaestio crocodilina* de modo inquietante[21].

[487] Quando o salvador se anuncia no final do mito do "*trickster*", este pressentimento ou esperança consoladora significa que uma calamidade ocorreu, ou seja, foi reconhe-

---

21. O crocodilo roubou de uma mãe seu filho, que lhe pede que lhe devolva a criança; o crocodilo diz que está disposto a fazer a vontade dela se ela der uma resposta certa à pergunta que ele vai fazer: "Devolverei a criança?" Se disser que sim, não é verdade e a criança não será devolvida; se disser que não, também não é verdade, isto é, a mãe perde a criança de qualquer maneira.

cida conscientemente. Somente no estado de total desamparo e desespero surgirá a nostalgia do "salvador", isto é, o conhecimento e a integração inevitável da sombra criam um estado tal de angústia que, de certa forma, somente um salvador sobrenatural poderá desemaranhar o novelo do destino. No caso individual, o problema suscitado pela sombra será respondido ao nível da anima, ou seja, do relacionamento. No caso histórico-coletivo, tal como no individual, trata-se de um desenvolvimento da consciência, a qual se liberta gradualmente da prisão da ἄγνοια, ou seja, da inconsciência[22], e o salvador é por isso um portador de luz.

[488] Tal como na forma coletivo-mitológica, a sombra individual também traz em si o germe da enantiodromia, da conversão, em seu oposto.

22. NEUMANN. *Ursprungsgeschichte des Bewusstseins.*

Bibliografia

AELIANO. *De natura animalium libri XVII*. 2 vols. Leipzig 1864-1866.

AFANAS'EV, E.N. *Russian Fairy Tales*. Nova York, 1946.

ALDROVANDUS, Ulysses [Ulisse Aldrovandi]. *Dendrologiae libri duo*. Bolonha, 1668; outra edição: Frankfurt, 1671.

AVALON, Arthur, pseud. (Sir John Woodroffe) (ed. e trad.). *The Serpent Power* (*Shat-chakra-nirupana and Paduka-panchaka*) (Tantrik Texts.). Londres, 1919.

BERTHELOT, Marcellin. *Collection des anciens alchimistes grecs*. 3 vols. Paris, 1887-1888.

BIN GORION, Micha Joseph (pseud. de Micah Joseph Berdyczewski). *Der Born Judas*. 6 vols. Leipzig, 1916-1923.

BOUSETT, Wilhelm. *Hauptprobleme der Gnosis* (Forschungen zur Religion und Literatur des Alten und Neuen Testaments, X). Göttingen, 1907.

BUDGE, E.A. Wallis. *The Gods of the Egyptians*. 2 vols. Londres, 1904.

BURI, F. "Theologie und Philosophie". *Theologische Zeitschrift* (Basileia), VIII (1952), p. 116-134.

CANTRIL, Hadley. *The Invasion from Mars*. Princeton, 1940.

Deutsche Mystiker des 14. Jahrhunderts. Org. por Franz Pfeiffer. 2 vols. Leipzig, 1845-1857.

DU CANGE, Charles. *Glossarium ad scriptores mediae et infimae latinitatis*. 6 vols. Paris, 1733-1736. Nova ed., Graz, 1954. 5 vols.

ECKHART, Meister. Cf. *Deutsche Mystiker*.

FIERZ-DAVID, Linda. *Die Liebenstraum des Poliphilo. Ein Beitrag zur Psychologie der Renaissance und der Moderne*. Zurique, 1947.

FLAMMEL, Nicholas. Cf. ORANDO.

Märchen (Os volumes seguintes são todos tirados da série *Die Märchen der Weltliteratur*, org. por Friedrich von der Leyen e Paul Zaunert, Jena. Volumes citados:)

Balkanmärchen aus Albanien, Bulgarien, Serbien und Kroatien. Org. por A. Laskien. 1915.

Chinesische Volksmärchen. Org. por R. Wilhelm. 1913.

Deutsche Märchen seit Grimm. Org. por Paul Zaunert. 1912.

Finnische und Estnische Volksmärchen. Org. por August von Löwis of Menar. 1922.

Indianermärchen aus Nordamerika. Org. por Walter Krickeberg. 1924.

Indianermärchen aus Südamerika. Org. por T. Koch-Grünberg. 1920.

Kaukasische Märchen. Org. por A. Dirr. 1919.

Märchen aus Iran. Org. por Arthur Christensen. 1939.

Märchen aus Sibirien. Org. por H. Künike. 1940.

Nordische Volksmärchen. Editado por K. Stroebe. 1915-1922. 2 vols.

Russische Volksmärchen. Org. por August von Löwis of Menar. 1914.

Spanische und Portugiesische Märchen. Org. por Harri Meier. 1940.

Cf. também AFANAS'EV; GRIMM.

GARBE, Richard. *Die Samkhya Philosophie*. Leipzig, 1894 (reimp. Leipzig, 1917).

GOETHE, Johann Wolfgang von. "Die neue Melusine". In: *Wilhelm Meisters Wanderjahre* (em Werke, vol VIII).

———. *Fausto*, Parte I. Leipzig, 1942.

———. *Werke* (Gedenkausgabe). 24 vols. Zurique, 1948-1954.

GOETZ, Bruno. *Das Reich ohne Raum*. Potsdam, 1919. 2ª ed. ampl. Constança, 1925.

GRIMM, Irmãos. *Kinder- und Hausmärchen*. Gesammelt durch die Brüder Grimm. 2 vols., 1922.

HOLLANDUS, Joannis Isaacus. *Opera mineralia, sive de lapide philosophico, omnia, duobus libris comprheensa*. Middelburg, 1600.

(HOMERO) *Homer's Werke von Johann Heinrich Voss*. Vol I: Ilias, vol. II: Odyssee. Stuttgart-Tübingen, 1842.

HORNEFFER, Ernst. *Nietzsches Lehre von der ewigen Wiederkunft*. Leipzig, 1900.

DEUSSEN, Paul. *Sechzig Upanishads des Veda*. Aus der Sanskrit übersetzt und mit Einleitungen und Anmerkungen versehen. 3ª ed. Leipzig, 1938.

I Ching. Das Buch der Wandlungen. Ed. por Richard Wilhelm. Jena, 1924.

IRINEU (de Lyon). *Adversus [ou Contra] haereses libri quinque*. Cf. MIGNE, P.G., vol. 7, cols. 433-1224.

IZQUIERDO, Sebastian. *Praxis exercitiorum spiritualium P.N.S. Ignatii*. Roma, 1695.

JACOBSOHN, Helmuth. *Die dogmatische Stellung des Königs in der Theologie der alten Aegypter*. Aegyptologische Forschungen VIII. Glückstadt, 1939.

JANET, Pierre. *Les Névroses*. Paris, 1919.

JUNG, Carl Gustav. *Aion: estudo sobre o simbolismo do si-mesmo*. Obra Completa, vol. 9/2. Petrópolis, 10ª ed., 2013.

———. *Estudos alquímicos*. Obra Completa, vol. 13. Petrópolis, 4ª ed., 2019.

———. *Civilização em transição*. Obra Completa, vol. 10/3. Petrópolis, 5ª ed., 2012.

———. "Instinto e inconsciente". In: *A natureza da psique*. Obra Completa, vol. 8/2. Petrópolis, 9ª ed., 2012.

———. *Mysterium Coniunctionis*. Obra Completa, vol. 14. Petrópolis, 3ª ed., 2012.

———. "Considerações teóricas sobre a natureza do psíquico". In: *A natureza da psique*. Obra Completa, vol. 8/2. Petrópolis, 9ª ed., 2012.

———. "Sobre a psicologia e a patologia dos fenômenos chamados ocultos". In: *Estudos psiquiátricos*. Obra Completa, vol. 1. Petrópolis, 5ª ed., 2013.

———. "Paracelso, um fenômeno espiritual". In: *Estudos alquímicos*. Obra Completa, vol. 13. Petrópolis, 4ª ed., 2019.

———. *A prática da psicoterapia*. Obra Completa, vol. 16/1. Petrópolis, 16ª ed., 2013.

———. *Estudos psiquiátricos*. Obra Completa, vol. 1. Petrópolis, 5ª ed., 2013.

———. *Interpretação psicológica do Dogma da Trindade*. Obra Completa 11/2. Petrópolis, 9ª ed., 2012.

———. *Tipos psicológicos*. Obra Completa, vol. 6. Petrópolis, 7ª ed., 2013.

———. *Psicologia e alquimia*. Obra Completa, vol. 12. Petrópolis, 6ª ed., 2012.

———. "Considerações em torno da Psicologia da Meditação Oriental". In: *Psicologia e religião oriental*. Obra Completa, vol. 11/5. Petrópolis, 8ª ed., 2012.

———. *Psicologia e religião*. Obra Completa, vol. 11/1. Petrópolis, 11ª ed. 2012.

———. "A psicologia da transferência". In: *Ab-reação, análise dos sonhos e transferência*. Obra Completa, vol. 16/2. Petrópolis, 9ª ed., 2012.

———. "O espírito Mercurius". In: *Estudos alquímicos*. Obra Completa, vol. 13. Petrópolis, 4ª ed., 2019.

———. *A natureza da psique*. Obra Completa, vol. 8/2. Petrópolis, 9ª ed., 2012.

———. *Símbolos da transformação*. Obra Completa, vol. 5. Petrópolis, 8ª ed., 2012.

———. *Sincronicidade*. Obra Completa, vol. 8/3. Petrópolis, 18ª ed. 2012.

———. *O símbolo da transformação na missa*. Obra Completa, vol. 11/3. Petrópolis, 7ª ed. 2012.

———. *Dois escritos sobre psicologia analítica*. Obra Completa, vols. 7/1-2. Petrópolis, 24ª ed., 2012.

———. "As visões de Zósimo". In: *Estudos alquímicos*. Obra Completa, vol. 13. Petrópolis, 4ª ed., 2019.

———. "Wotan". In: *Aspectos do drama contemporâneo*. Obra Completa 10/2. Petrópolis, 5ª ed., 2012.

———. & KERÉNYI, C. *Essays on a Science of Mythology*. Bollingen Series XXII. Nova York, 1949 (Publ. também como *Introduction to a Science of Mythology*. Londres, 1950).

JUNG, Emma. "Ein Beitrag zum Problem des Animus". In: JUNG, C.G. *Wirklichkeit der Seele*. Zurique, 1934. Publicado também em *Animus und Anima*. Zurique, 1967.

KEYSERLING, Graf Hermann. *Südamerikanische Meditationen*. Stuttgart, 1932.

KLAGES, Ludwig. *Der Geist als Widersacher der Seele*. 3 vols. Leipzig, 1929-1932.

KÖHLER, Reinhold. *Kleinere Schriften zur Märchenforschung*. Weimar, 1898.

Alcorão, O. Traduzido por Mansour Challita. Rio de Janeiro, 2ª ed., 2002.

LE BON, Gustave. *Psychologie des foules*. Paris, 1895.

LÉVY-BRUHL, Lucien. *La Mythologie primitive*. Paris, 1935.

McGLASHAN, Alan. "Daily Paper Pantheon". *The Lancet* (Londres), vol. 264/1 (1953), 238-239.

MIGNE, Jacques Paul (ed.). *Patrologiae cursus completus*.

[P.L.] Série latina. Paris, 1844-1864. 221 vols.

[P.G.] Série grega. Paris, 1857-1866. 166 vols.

MYLIUS, Johann Daniel. *Philosophia reformata*. Frankfurt a.M., 1622.

NEUMANN, Erich. *Ursprungsgeschichte des Bewusstseins*. Zurique, 1949.

NIETZSCHE, Friedrich. *Assim falava Zaratustra*. Traduzido por Mário Ferreira dos Santos. Petrópolis, 2019, 4ª ed.

———. *Gedichte und Sprüche*. Leipzig, 1898.

NINCK, Martin. *Wodan und germanischer Schicksalsglaube*. Jena, 1935.

ORANDO, Irineu. *Nicholas Flammel: His Exposition of the Hieroglyphicall Figures* etc. Londres, 1624.

PRUDÊNCIO. *Contra Symmachum*. In: *Works*. Londres-Cambridge/Mass., 1949-1953 (vol. I, p. 344-vol. II, p. 97).

RADIN, Paul. *The World of Primitive Man*. Nova York, 1953.

RAHNER, Hugo. "Erdgeist und Himmelsgeist in der patristichen Theologie". *Eranos-Jahrbuch* 1945. Zurique, 1946.

———. "Die seelenheilende Blume". *Eranos Jahrbuch* XII. Zurique, XII (Festgabe C.G. Jung, 1945.

REITZENSTEIN, Richard. *Poimandres*. Leipzig, 1904.

RHINE, J.B. *New Frontiers of the Mind*. Londres, 1937.

RICARDO DE SÃO VÍTOR. *Benjamin minor*. In MIGNE, P.L., vol. 196, cols. 1-64.

RIPLEY, Sir George. "Cantilena". In: *Opera omnia chemica*. Kassel, 1649.

Rosarium philosophorum. Secunda pars alchimiae de lapide philosophico. Frankfurt a.M., 1550.

RULAND, Martin. *Lexicon alchemiae*. Frankfurt a.M., 1612.

Samyutta-Nikaya. Cf.: *The Book of the Kindred Sayings* (*Sangyutta-Nikaya*). Parte II: *The Nidana Book (Nidana-Vagga)*. Londres, 1922. Também: *Dialogues of the Buddha*. Parte II. Londres, 1951.

SAND, George. "Entretiens journaliers". In: *Oeuvres autobiographiques*. 2 vols. Paris, 1970-1971 (aqui: vol. II, p. 972-1018).

SCHOPENHAUER, Arthur. *Aphorismen zur Lebensweisheit*. In: *Parerga und Paralipomena*. Berlim, 1891.

SPENCER, Baldwin & GILLEN, Francis James. *The Northern Tribes of Central Australia*. Londres, 1904.

TERTULIANO. *Apologeticus adversus gentes*. Cf. MIGNE, P.L., vol. 1, cols. 257-536.

TONQUÉDEC, Joseph de. *Les Maladies nerveuses ou mentales et les manifestations diaboliques*. Paris, 1938.

USENER, Hermann. *Das Weihnachtsfest*. 2ª ed. Bonn, 1911.

VOLLERS, Karl "Chidher". *Archiv für Religionswissenschaft* XII. Leipzig, 1909, p. 234-384.

WARNECK, Johannes. *Die Religion der Batak*. Leipzig, 1909.

WECKERLING, Adolf (trad.). *Ananda-raya-makhi. Das Glück des Lebens*. (Arbeiten der deutsch-nordischen Gesellschaft für Geschichte der Medizin, der Zahnheilkunde und der Nervenwissenschaften, 13). Greifswald, 1937.

WELLS, Herbert George. *The War of the Worlds*. Londres, 1898.

WILLIAMS, Mentor L. (ed.). *Schoolcraft's Indian Legends*. East Lansing/Michigan, 1956.

WYLIE, Philip. *Generation of Vipers*. Nova York/Toronto, 1942.

Índice

Os números se referem aos parágrafos.

B

C

D

E

F

G

H

I

J

M

N

O

P

Q

R

S

T

Conecte-se conosco:

facebook.com/editoravozes

@editoravozes

@editora_vozes

youtube.com/editoravozes

+55 24 2233-9033

www.vozes.com.br

Conheça nossas lojas:

www.livrariavozes.com.br

Belo Horizonte – Brasília – Campinas – Cuiabá – Curitiba
Fortaleza – Juiz de Fora – Petrópolis – Recife – São Paulo

Vozes de Bolso

EDITORA VOZES LTDA.
Rua Frei Luís, 100 – Centro – Cep 25689-900 – Petrópolis, RJ
Tel.: (24) 2233-9000 – E-mail: vendas@vozes.com.br